Consenso no Processo Penal

Consenso no Processo Penal

UMA ALTERNATIVA PARA A CRISE DO SISTEMA CRIMINAL

2015

Rafael Serra Oliveira

CONSENSO NO PROCESSO PENAL
Uma alternativa para a crise do sistema criminal
© Almedina, 2015

AUTOR: Rafael Serra Oliveira
DIAGRAMAÇÃO: Almedina
DESIGN DE CAPA: FBA
ISBN: 978-858-49-3021-0

Dados Internacionais de Catalogação na Publicação (CIP)
(Câmara Brasileira do Livro, SP, Brasil)

Oliveira, Rafael Serra
Consenso no processo penal : uma alternativa
para a crise do sistema criminal / Rafael Serra
Oliveira. -- São Paulo : Almedina, 2015.
ISBN 978-85-8493-021-0
1. Direito penal 2. Direito processual penal
I. Título.

15-02725   CDU-343.1

Índices para catálogo sistemático:
1. Processo penal : Direito penal 343.1

Este livro segue as regras do novo Acordo Ortográfico da Língua Portuguesa (1990).

Todos os direitos reservados. Nenhuma parte deste livro, protegido por copyright, pode ser reproduzida, armazenada ou transmitida de alguma forma ou por algum meio, seja eletrônico ou mecânico, inclusive fotocópia, gravação ou qualquer sistema de armazenagem de informações, sem a permissão expressa e por escrito da editora.

Agosto, 2015

EDITORA: Almedina Brasil
Rua José Maria Lisboa, 860, Conj.131 e 132 | Jardim Paulista | 01423-001 São Paulo | Brasil
editora@almedina.com.br
www.almedina.com.br

Aos meus pais, *Andrea e Marcelo*,
às minhas irmãs, *Mariana e Carolina*,
à minha avó, *Terezinha, e aos meus amores, Luiza e João.*

AGRADECIMENTOS

Aos meus pais, Andrea e Marcelo, às minhas irmãs, Mariana e Carolina, e à minha avó, Terezinha, porque eu amo vocês, sem vocês eu não existiria;

ao meu amor Luiza Oliver, sem você, sem o seu incentivo, os seus reforços positivos, as suas valiosas revisões e contribuições na elaboração do trabalho, o seu apoio, carinho e compreensão, eu jamais teria conseguido chegar ao final. Cada palavra dessa dissertação tem um pouco de você;

ao João, por me fazer sentir amor profundo, por me devolver aos 3 anos todos os dias;

à minha tutora de vida Claudia Bernasconi, a quem agradeço não só pelas cuidadosas revisões de texto, mas também, e principalmente, por existir na minha vida, por me apoiar nos momentos mais difíceis, por me fazer levantar quando eu acho que não consigo mais;

à minha madrinha, Cristina, pelo carinho e por sempre ter me incentivado a ler;

aos meus demais familiares, principalmente à minha tia Eduarda e às minhas primas Victória e Júlia, por todo o apoio recebido ao longo da vida;

aos meus amigos Guilherme Paiva Corrêa da Silva e André Pinho Ribeiro, por nunca terem me abandonado ao longo de décadas de amizade;

às Famílias Villaça e Di Dio, que me acolheram em São Paulo desde o primeiro dia da minha caminhada jurídica e foram ter comigo em Portugal para alegrar os meus dias;

aos meus amigos Felipe, Guilherme, Leonardo, Stephen, Thiago e Rafael, por terem feito da minha estadia em Coimbra um momento feliz, principalmente durante os longos almoços de sábado;

à minha professora-orientadora, Doutora Maria João Antunes, pelas valiosas contribuições, sem as quais a elaboração deste trabalho teria se tornado tarefa muito mais árdua;

à Faculdade de Direito da Universidade de Coimbra, nomeadamente aos professores Doutora Anabela Rodrigues, Doutor Pedro Caeiro e Doutora Cláudia Santos, e a todos os demais funcionários, pela decisiva contribuição na minha formação jurídica e no meu desenvolvimento como pessoa.

PREFÁCIO

Fui orientadora da dissertação apresentada por *Rafael Serra Oliveira* no âmbito do 2.º Ciclo de Estudos da Faculdade de Direito da Universidade de Coimbra, na área de especialização em ciências jurídico-criminais do mestrado científico. Acedi prontamente ao convite que o autor me dirigiu para prefaciar a obra que agora é publicada – *Consenso no processo penal: uma alternativa para a crise do sistema criminal*.

Mostrando grande maturidade na abordagem crítica da atual crise do sistema criminal, o Autor oferece-nos vias para a diminuição da sua extensão, propondo-nos modelos processuais de consenso, por si refletidos de forma sustentada, a partir, entre o mais, de uma bibliografia diversificada quer quanto à origem quer no que toca ao objeto.

Tais vias têm na base, em bom rigor, a substituição de uma relação linear entre o Estado e o ofensor por uma relação triangular onde a vítima tem assento num dos vértices; o reforço e a reafirmação das vantagens de uma intervenção penal marcadamente subsidiária quer quanto ao âmbito de tutela quer relativamente às sanções que deverão ser sempre o menos restritivas possível; e a preocupação com a não estigmatização do arguido, a levar tão longe quanto possível, em nome do ideal da socialização que muitas vezes será apenas o da não dessocialização.

A consistência da obra de *Rafael Serra Oliveira* mostra-se na circunstância de o tema ser sempre abordado a partir do "verso e do reverso da medalha".

A *mediação* e os *acordos sobre a sentença* – os modelos processuais de consenso que o Autor propõe, distanciando-se de uma via de justiça negociada – não valerão por si se não forem acautelados determinados perigos, nomeadamente através do respeito pelas garantias fundamentais do arguido e do envolvimento real de todos os sujeitos processuais com os factos.

Numa palavra, a obra *Consenso no processo penal: uma alternativa para a crise do sistema criminal* não deixará o leitor indiferente: contribuirá certamente para que passe a ter uma opinião sobre a matéria, reveja a que já tem ou reforce o que o distancia do Autor.

Abril de 2015

Maria João Antunes

INTRODUÇÃO

A grave crise que atravessa o sistema de justiça penal na atualidade é consenso entre os juristas[1]. O modelo atual não protege satisfatoriamente as garantias do investigado, não é capaz de recuperar o infrator e falha na finalidade de prevenção geral e especial, fatores que conjugados transmitem à sociedade um sentimento generalizado de descrédito na celeridade e efetividade da justiça.

A partir da década de 60 do século XX, diversos modelos de política criminal[2] – alguns com doutrinas totalmente divergentes – foram propostos e parcialmente aplicados nas legislações dos países ocidentais, mas nenhum deles conseguiu resolver os problemas internos do sistema penal e reverter a insatisfação popular com o funcionamento da justiça pública.

Na busca por uma resposta que consiga amenizar esta crise, o presente estudo propõe a utilização de modelos de processo penal de consenso, caracterizados pela relação horizontal entre os sujeitos processuais e pela existência de espaços que possibilitem o diálogo entre as partes, como uma maneira de desburocratizar o sistema penal e alcançar as finalidades de prevenção e de recuperação do indivíduo, típicas do direito penal, de

---

[1] Por todos, ver: DIAS, Jorge de Figueiredo. O problema do direito penal no dealbar do terceiro milénio. In: CASTRO, Maria João Padez; MARCOS, Rui de Figueiredo (coords.). *Orações de sapiência da Faculdade de Direito: 1856-2005*. Coimbra: Imprensa da Universidade de Coimbra, 2007. p. 357 e ss.

[2] Esses modelos de política criminal serão abordados de maneira detalhada a partir do capítulo 3. Para citar os principais, destacamos a criminologia crítica desenvolvida nas décadas de 60 e 70 e o realismo de direita, teoria de orientação neoliberal que ganhou força nos anos 80 e 90.

uma maneira mais efetiva, veloz e satisfatória para os envolvidos e para a sociedade.

Na construção dessa proposta, primeiro será preciso fazer uma regressão histórica para averiguar como se formou e em que bases se sustenta o sistema penal atual, bem como analisar o que representa e como se legitima o monopólio estatal do direito de punir.

Após a fixação dos fundamentos e da legitimação do sistema penal, passar-se-á a verificar se esse modelo de justiça é compatível com as exigências e necessidades da sociedade contemporânea. Essa parte inicial do trabalho será fundamental para identificar as verdadeiras razões para a crise do sistema penal, que já se prolonga por pelo menos cinco décadas.

Com essas informações, a próxima etapa do estudo será verificar a maneira pela qual se tentou solucionar os problemas do sistema penal até aqui, para, com isso, tentar aprender com os erros e acertos das propostas anteriores, visando, por um lado, não repetir os seus equívocos e, por outro, manter as suas virtudes.

Assim, após o conhecimento dos motivos da crise do sistema penal e das falhas dos modelos que tentaram, sem sucesso, solucioná-la, será o momento de começar a tentar encontrar uma alternativa que consiga superar os problemas encontrados.

Nessa tarefa, será fundamental a não vinculação rigorosa a nenhuma das teorias de política criminal ou aos meios de resolução do conflito já propostos, haja vista que cada um possui defeitos que devem ser desconsiderados e qualidades que precisam ser aproveitadas.

Desse modo, neste trabalho tentar-se-á conciliar o que entendemos ser o melhor de cada uma das teorias já formuladas, utilizando esses pontos positivos conjuntamente para que sirvam de base e orientação para a construção de modelos processuais de consenso.

Após já terem sido definidos os problemas do sistema penal e as bases em que devem ser construídos os novos modelos de resposta ao crime que busquem, ao mesmo tempo, amenizar os problemas da justiça criminal e atender às finalidades do direito penal, restará apresentar a mediação como proposta de processo de consenso voltada para os crimes praticados sem violência ou grave ameaça, e o consenso sobre a sentença, como meio processual adequado para os crimes praticados com violência ou grave ameaça física, moral ou psicológica.

Ao final, já em tom de conclusão, demonstrar-se-á de que forma e em que medida o consenso, nos termos em que construído neste trabalho, será capaz de atenuar a crise do processo penal.

1. A ESTRUTURA DO SISTEMA PENAL

Não há como compreender o funcionamento das instâncias formais de controle sem considerar os relevantes aspectos históricos, socioeconômicos e o pensamento técnico-científico que servem de base para a formação e desenvolvimento da sua estrutura. O sistema e o processo penal estão diretamente relacionados às necessidades do Estado, à realidade da vida em sociedade e ao comportamento popular, aspectos importantíssimos que devem ser analisados para compreensão da atividade jurisdicional penal contemporânea[3].

Assim, para o desenvolvimento do estudo proposto, é imprescindível fazer inicialmente a verificação das bases históricas em que o sistema penal foi construído e os fundamentos de sua legitimação, e, a partir disso, verificar o porquê dessa estrutura que se sustenta até os dias atuais não ser a adequada para solucionar o problema causado pelo crime.

---

[3] Como salienta Aury Lopes Junior, "O sistema Penal (material e processual) não pode ser objeto de uma análise estritamente jurídica, sob pena de ser minimalista, ingênua até. O processo penal não está num compartimento estanque, imune aos movimentos sociais, políticos e econômico. A violência é um fato complexo, que decorre de fatores biopsicossociais. Logo, o processo, enquanto instrumento, exige uma abordagem interdisciplinar, a partir do caleidoscópio, isto é, devemos visualizá-lo desde vários pontos e recorrendo a diferentes campos do saber" (*Direito Processual penal e sua conformidade constitucional*. V I. 2 ed. Rio de Janeiro: Lumen Juris, 2008. p. 14).

1.1. Formação histórica

Na história dos meios de reação aos conflitos penais é possível identificar dois modelos distintos, o primeiro marcado pela participação direta das partes e o segundo caracterizado por um sistema vertical punitivo. A primordial distinção entre os referidos modelos está na posição da vítima, isso porque, enquanto naquele o ofendido e o criminoso protagonizam a busca por uma solução, nesse o poder punitivo é exercido exclusivamente por uma autoridade central, sem vinculação à vontade dos envolvidos[4].

Como ficará nítido, a adoção de um ou outro modelo não está relacionada a um processo evolutivo ou a conquistas sociais, mas sim à existência ou não de uma autoridade central, que faz uso do poder de punir para se estabelecer e exercer o seu controle sobre os cidadãos. Até por isso, os dois modelos não seguiram um desenvolvimento linear marcado pela evolução de um para outro. Pelo contrário, ambos se alternaram muito ao longo da história e também coexistiram em alguns períodos.

Na península Ibérica, por exemplo, vigorou por séculos o poder punitivo centralizado instituído pelo Império Romano em toda a extensão do seu território. No entanto, este modelo não resistiu ao enfraquecimento do poder central, fazendo com que a reação ao delito voltasse a ser exercida de maneira privada, violenta e vingativa, como no direito romano mais antigo[5].

Por outro lado, coexistindo com o modelo centralizado típico do auge do Império Romano, no direito penal dos *povos bárbaros*[6] "*prevalecia a perda da paz ('Friedlosigkeit')*"[7], que tinha como característica a vingança privada da vítima e sua *sippe*[8] contra o ofensor, o que resultava numa guerra par-

---

[4] ZAFFARONI, Eugenio Raul [et. Al.]. *Derecho penal: parte general*. Buenos Aires: Ediar, 2000. p. 219.

[5] ORLANDIS, José. Las consecuencias del delito en el derecho de la alta edad media. In: *Anuario de Historia del Derecho Español*. t. XVIII. Madrid, 1947. p. 67.

[6] Ressalta-se que "bárbaro" é uma designação tradicionalmente utilizada para se referir aos povos germânicos antigos, suas leis e, posteriormente aos seus Estados e monarquias estabelecidas principalmente após a queda do Império Romano do ocidente. Sobre o tema, ver: COSTA, Mario Júlio de Almeida; MARCOS, Rui Manoel de Figueiredo (colaborador). *História do Direito Português*. 5 ed. rev. e act. Coimbra: Almedina, 2012. p. 120.

[7] COSTA, Mario Júlio de Almeida; MARCOS, Rui Manoel de Figueiredo (colaborador). *Ob. cit.* p. 126, nota 1.

[8] A palavra *sippe*, explica Heinrich Brunner, tem dois significados. Por um lado, era uma associação, que desempenhava funções jurídicas de caráter público, formada por descendentes

ticular de vingança (*Faida*)⁹, a qual podia ser encerrada pela composição entre as partes¹⁰.

Com a fixação das Monarquias bárbaras nas regiões anteriormente ocupadas pelo Império Romano do ocidente, no entanto, a resolução privada dos conflitos penais se desenvolveu também no direito germânico. Com a centralização do poder, a publicização da punição foi uma consequência natural e indispensável para o fortalecimento do poder régio. Assim, a ocupação germânica da península ibérica resultou na promulgação do Código Visigótico em 654¹¹, que foi um marco para a publicização do direito penal, uma vez que, indiscutivelmente, era aplicado a toda a população e a pena já não era imposta com a finalidade de regulamentar um pacto entre particulares¹².

Entretanto, mais uma vez, o modelo de punição pública foi substituído pela persecução penal privada. Por ter sua sustentação em um poder público fortemente organizado, o sistema jurídico visigótico entrou em decadência com o enfraquecimento da autoridade central decorrente da

---

masculinos de uma linhagem paterna comum, cuja finalidade era dirimir as hostilidades entre os seus membros e dar-lhes proteção ou vingança nas hipóteses de terem cometido ou sido vitimados por um crime. Por outro, também tem o sentido de designar todos os parentes de uma determinada pessoa, masculinos e femininos, divididos nos grupos paterno e materno. *História Del derecho germânico*. Barcelona: Editorial Labor, 1936. p. 11.

⁹ Vale dizer que a *Faida* encontrava algumas limitações, como a proteção que o indivíduo possuía no interior de sua casa, o que decorria das antigas religiões que conferiam à casa um carácter de lugar sagrado. Sobre isso: ORLANDIS, José. La paz de la casa en el derecho español de la alta Edad Media. In: *Anuario de historia del derecho español*. t. XV, Madrid, 1944. p. 109.

¹⁰ Nos delitos de sangue e contra a honra, que resultavam na perda da paz relativa ou *inimicitia*, a *sippe* tinha a opção de escolher entre a contenda (*Faida*) ou a aceitação de uma quantidade como penitência, a *compositio*. Dentre as diversas fórmulas de composição existentes nos povos germanos primitivos, merece destaque o *Wergeld* (resgate de sangue) ou *Manngeld* (preço do homem), que era o pagamento de uma determinada quantia estabelecida à *sippe* da vítima no crime de homicídio e casos análogos (LISTZ. Franz Von. *Tratado de derecho penal*. t.1. 4 ed. Madrid: Editorial Reus, 1999. p. 159/160). A mais severa era a perda da paz absoluta, aplicável aos crimes mais graves, com destaque especial aos atos de sacrilégio, os quais afetavam diretamente a sociedade e o direito costumeiro intimamente fundidos com a religião. A perda da paz absoluta não era passível de composição ou, como ensina Heinrich Brunner atentando ao carácter religioso dos crimes, de *expiação* (Ob. cit. p. 15 e 22).

¹¹ COSTA, Mario Júlio de Almeida; MARCOS, Rui Manoel de Figueiredo (colaborador). Ob. cit. p. 147. O autor, entretanto, ressalta que o Código visigótico ainda teve duas outras versões oficiais em 681 e 693.

¹² LISTZ, Franz Von. Ob cit. p. 193.

invasão moura à península ibérica[13]. Como resultado "*da debilidade do poder público, incapaz de assumir duma maneira completa e eficaz a tutela jurídica*"[14], a vingança privada, que caracterizou o direito germânico primitivo, renasceu para regular as relações jurídico-penais na península ibérica.

Durante a Alta Idade Média, o Direito era apenas regulamentado pelos Senhores Feudais, mas sofria muita influência dos costumes locais. No período da reconquista, nomeadamente, por nítida influência do direito germânico antigo[15], a vingança privada reapareceu como uma *instituição jurídica* regulada nas suas condições e efeitos com o nome de *inimicita*, exigindo-se para a sua execução uma declaração de inimizade prévia que supunha um desafio formal perante o conselho, com exceção dos casos em flagrante[16]. De um modo geral, a autoridade pública adotava uma posição passiva com relação à execução da vingança privada, preocupando-se somente em receber a sua parte do valor pecuniário cobrado do ofensor[17].

O modelo atual de sistema penal tem como marco inicial da sua construção o final do século XII e início XIII (Baixa Idade Média), período no qual já começam a aparecer elementos que seriam essenciais para a formação futura do Estado Moderno e de sua estrutura de poder[18]. É nessa

---

[13] Para detalhes e indicações bibliográficas sobre o período do domínio muçulmano, ver: COSTA, Mario Júlio de Almeida; MARCOS, Rui Manoel de Figueiredo (colaborador). Ob. cit. p. 147.

[14] MERÊA, Paulo. *Estudos de história de Portugal*. Lisboa: Imprensa Nacional, 2006. p. 221.

[15] Nas palavras de Michel Foucault, "o direito feudal é essencialmente de tipo germânico" (A verdade e as formas jurídicas. Rio de Janeiro: Nau editora, 1996. p. 58).

[16] CORREIA, Eduardo. A evolução histórica das penas. In: *Boletim da Faculdade de Direito*. Vol. 53. Ano 1977. Coimbra. p. 55.

[17] Em virtude da declaração formal de inimizade, o *homicida* (*Denominação encontrada nos forais para designar a pessoa sujeita à vingança*, (cf.: MERÊA, Paulo. Ob. cit. p. 221) era punido mediante o pagamento de uma pena pecuniária (denominada de *homicidio*), o desterro e a vingança da vítima, sendo estes três aspectos de uma mesma sanção. A pena pecuniária (*homicidio*) decorrente da declaração de inimizade não deve ser confundida com o valor devido à vítima ou sua família em razão da composição entre as partes (*compositio*). Aquela é uma pena autônoma integrante da *inimicita* e devida em todas as ocasiões, enquanto esta é o resultado da compra do direito de vingança da vítima, outra consequência da *inimicita*. Assim, a pena pecuniária era sempre devida à autoridade pública e ao ofendido, cuja divisão diferia entre os diversos Foros. (cf. ORLANDIS, José. Las consecuencias del delito en el derecho de la alta edad media. In: *Anuario de historia del derecho español*. t. XVIII, Madrid, 1947. p. 88/92).

[18] Sobre a influência dos acontecimentos ocorridos na Baixa Idade Média para a construção do Estado Moderno, ver: PEDRERO-SÁNCHEZ, Maria Guadalupe. *História da Idade Média: textos e testemunhas*. São Paulo: Editora UNESP, 2000. p. 193/264

época que começam a se formar as primeiras grandes monarquias medievais e, com elas, o *roubo do conflito*[19] pela autoridade central.

De acordo com Michel Foucault[20], quatro características indissociáveis do sistema penal de hoje são invenções do pensamento medieval, quais sejam: (i) um poder exterior que deixa de somente regulamentar a resolução do litígio e passa a submeter os indivíduos a sua decisão; (ii) o surgimento da figura do procurador, representante do soberano, que avoca a lesão para si, substituindo a real vítima, sob a justificativa de que o dano afeta também as leis e a ordem imposta pelo soberano; (iii) a velha noção de dano é substituída pela de infração, isto é, não mais se apura o cometimento do dano praticado por um indivíduo contra outro, mas sim a violação de um indivíduo à lei, à ordem, à sociedade e ao soberano; e (iv) a reparação do dano praticado contra outro indivíduo passa a ser exigida pelo soberano, aparecendo assim as multas como mecanismo de confisco.

Portanto, utilizando-se da justificativa de que o desrespeito à lei *"não afetava ao outro indivíduo, mas sim, em todo o caso, ao soberano"*[21], mas com os reais objetivos de manutenção do poder, de controle social e de arrecadação, o soberano *roubou o conflito* das partes para impor as suas próprias sanções.

A partir desse momento histórico, instituiu-se definitivamente a verticalização e a centralização do poder punitivo, inalterado até os nossos dias e, como se verá no desenvolvimento desse estudo, uma das principais razões para a crise do sistema penal.

É importante notar, sobretudo, que a transferência da resolução do conflito penal dos particulares para o Estado não teve a finalidade de humanização da sanção penal ou proteção do cidadão contra a força de outro particular – preocupações que surgiram somente com os teóricos do iluminismo[22] –, mas sim de afirmação do poder central e exercício do controle social.

---

[19] A expressão "roubo do conflito" é amplamente utilizada por Nils Christie para se referir ao modo como o Estado e os sujeitos processuais assumem o conflito causado pelo crime e buscam solucioná-lo sem a participação das partes envolvidas, isto é, ofensor e vítima. Além de em muitos outros textos de sua autoria, essa expressão é utilizada em "Los Conflictos como pertenencia". In: *De los delitos y de las víctimas*. Buenos Aires: Ad Hoc, 2001. p. 157 e ss.

[20] *A verdade e as formas jurídicas*. Rio de Janeiro: Nau editora, 1996. p. 65/67.

[21] ANITUA, Gabriel Ignacio. *Histórias dos Pensamentos Criminológicos*. Rio de Janeiro: Revan, 2008. p. 44.

[22] Acerca das conquistas processuais penais relacionadas ao iluminismo ver item 5.3, *infra*.

A gradual centralização do poder nas mãos de uma autoridade central aliada às drásticas mudanças sociais nos séculos XV e XVI contribuíram, em grande escala, para o fim da Idade Média. O sistema econômico fechado tipicamente feudal foi sendo, aos poucos, substituído por relações mercantis mais abrangentes, entre feudos e, posteriormente, entre *cidades*, o que culminou na criação de rotas comerciais e no acúmulo de riquezas pela nova classe dos burgueses. Esse novo modelo econômico expandiu as fronteiras e passou a contestar os ideais religiosos da Igreja Católica, que condenavam o lucro e a usura (empréstimo de dinheiro a juros), ponto que contribuiu para a reforma religiosa e, consequentemente, para o enfraquecimento da Igreja. Então, a Europa feudal, fragmentada e sob forte influência dos dogmas Católicos, foi se transformando até a ascensão das Monarquias absolutistas, marcadas pela centralização do poder nas mãos de um rei que conseguia garantir o ambiente necessário para o desenvolvimento econômico e científico pregado pelos renascentistas.

O surgimento das Monarquias absolutistas, entretanto, não modificou o sistema penal que vinha se desenvolvendo durante os últimos séculos da Idade Média, pelo contrário, a centralização dos poderes na mão de um único soberano concretizou a estrutura verticalizada e institucionalizada de reação ao delito. Isso se explica, primordialmente, pela instabilidade inicial dos reis perante os povos conquistados, fato que exigia sua imposição por meio de diversas formas de exercício do poder, essencialmente o poder punitivo. Como explica Gabriel Ignacio Anitua, "*o acionamento conjunto de um único poder soberano em áreas artificialmente uniformizadas permitiram realizar o importante processo de centralismo que iria contradizer o exercício dos poderes locais que sustentavam o modelo feudal. A prática punitiva foi, talvez, a mais importante para permitir a substituição dos exercícios de 'justiça' e 'poderes' locais*"[23].

O fortalecimento gradual do absolutismo monárquico – e a delimitação de um território sob o qual um único soberano impunha suas leis aos

---

[23] ANITUA, Gabriel Ignacio. Ob. cit. Rio de Janeiro: Revan, 2008. p. 38.

governados – resultou no surgimento do Estado Moderno[24][25], que, para Jaques Chevallier, significa a existência de uma figura abstrata que é (i) depositária da identidade social de indivíduos que compartilham vínculo profundo de solidariedade; (ii) fonte de toda autoridade; (iii) detentora do monopólio da coerção; (iv) concebida para manutenção da ordem e da integração dos indivíduos; e (v) formada por uma burocracia funcional para o exercício dos seus serviços de maneira articulada e coerente[26.]

O surgimento do Estado Moderno tem enorme relevância no estudo do sistema penal atual porque fixou de maneira definitiva, até os dias atuais, a verticalização e centralização do poder punitivo, uma vez que a exclusividade do poder de coação é parte integrante e característica essencial e indissociável do seu conceito.

De acordo com a definição sociológica de Max Weber, *"somente se pode, afinal, definir sociologicamente o Estado moderno por um meio específico que lhe é próprio, como também a toda associação política: da coação física"*[27.]

Por sua vez, teorizando o Estado pelas formas de poder, Norberto Bobbio destaca que *"o uso da força física é a condição necessária para a definição do poder político"*, sendo certo que *"quem tem o direito exclusivo de usar a força sobre um determinado território é o soberano"*[28].

Já Hans Kelsen, na sua construção do Estado como uma realidade normativa, reconhece que *"las normas del orden estatal son normas que*

---

[24] Há enorme discussão acerca do surgimento do Estado. Enquanto alguns doutrinadores o concebem como um conceito histórico, ligado a fatos ocorridos em um momento determinado, outros defendem a existência de Estados, de formas variadas, desde o mundo antigo. Por sua vez, com uma concepção diversa, Michael Mann defende que "as únicas sociedades sem Estado foram as primitivas. Não há sociedade complexa, civilizada, sem algum centro de autoridade estabelecedor de regras obrigatórias, não importando o quão limitado seja o seu escopo. Mesmo se considerarmos os Estados feudais fracos". (O Poder autônomo do Estado: suas origens, mecanismos e resultados. In: HALL. John A. (Org.). *Os Estados na História*. Rio de Janeiro: Imago, 1992. p.177. Para uma ampla discussão sobre a época do aparecimento do Estado, ver: DALLARI. Dalmo de Abreu. *Elementos de Teoria Geral do Estado*. 30 ed. São Paulo: Saraiva, 2011. p. 59 e ss.

[25] Como salienta Silveira Neto, na Inglaterra e nos países nórdicos a transição foi para o parlamentarismo. (*Teoria do Estado*. 6. ed. São Paulo: Max Limonad, 1978. p. 101).

[26] CHEVALLIER, Jaques. *O Estado pós-moderno*. Belo Horizonte: Fórum, 2009. p. 24/25.

[27] *Economia e sociedade: fundamentos da sociologia compreensiva*. vol II. Brasília: Editora Universidade de Brasília, 2004. p. 525.

[28] *Estado, Governo e Sociedade: para uma teoria geral da política*. 11 ed. Rio de Janeiro: Paz e Terra, 1987.p. 80/81.

prescriben la coacción", as quais *"los hombres están sometidos – voluntaria o involuntariamente"*[29].

Ou seja, por qualquer definição de Estado que se busque, fica claro que o domínio exclusivo da coação é elemento intrínseco da sua construção. Então, é possível afirmar que a partir da concepção Moderna de Estado, o uso exclusivo da força passou a ser um mecanismo institucionalizado para a *"manutenção da ordem interna"*[30], pois, como resume Fraz Neumann, quando os governados não aceitam as ordens de comando que vêm de cima, o Estado é obrigado a recorrer à violência[31].

Portanto, a primeira característica do sistema penal que perdura até os dias de hoje é uma rígida centralização do poder punitivo nas mãos do Estado-nação, que se vale do monopólio do uso da força como instrumento de controle social, visando à arrecadação, bem como a manutenção do seu poder e da ordem interna.

1.2. A legitimação jurídico-racional

A utilização do sistema penal pelo Estado como forma de controle pela coação não é explicitada à sociedade. Pelo contrário, o Estado *"precisou sempre de crenças ou doutrinas que o justificassem, tanto para legitimar o comando quanto para legitimar a obediência"*[32].

Muitas foram as justificativas utilizadas ao longo da história para tentar fundamentar a legitimidade do Estado[33], cada qual voltada para defender

---

[29] *Teoria General del Estado*. Barcelona: Editorial Labor, 1986. 129/130
[30] MANN, Michel. O Poder autônomo do Estado: suas origens, mecanismos e resultados. In: HALL. John A. Hall. (Org.). *Os Estados na História*. Rio de Janeiro: Imago, 1992. p.179.
[31] *Estado democrático e Estado autoritário*. Rio de Janeiro: Zahar editores, 1969. p. 12.
[32] MALUF, Sahid. *Teoria Geral do Estado*. 23 ed. São Paulo: Saraiva, 1995. p. 59.
[33] Cada momento histórico e a alternância do pensamento político refletiram diretamente na formulação e alteração das doutrinas legitimadoras do poder do Estado, até por isso, como salienta Pedro Calmon, "têm valor especulativo" (*Curso de Teoria Geral do Estado*. 6 ed. Rio de Janeiro: Freitas Bastos, 1964. p. 30). Se a teoria teológico-religiosa era imperiosa para justificar o poder dos Monarcas absolutistas (entre outros, ver "A política", de Jacques Bossuet) e, posteriormente, da Igreja Católica (são exemplos Santo Agostinho e Santo Tomás de Aquino), as diversas visões do racionalismo contratual expressadas por Kant, Hobbes (absolutista), Lock (liberal) e Rousseau (teórico da Revolução Francesa), serviram para justificar o Estado vigente ou alertar e inflamar o povo para a necessidade de reforma e continuam a influenciar na concepção atual do Estado. Da mesma forma, inegável a íntima relação da teoria da supremacia de classes, defendida pela Escola Sociológica alemã, representada por Gumplowicz e Oppe-

os interesses daqueles que estavam no poder – é o caso do contratualismo absolutista de Hobbes, utilizado para explicar o poder das Monarquias absolutistas – ou de movimentos sociais que contestavam o *status quo* – Rousseau serviu de inspiração para a Revolução Francesa ao sustentar que o contrato social poderia ser alterado se o povo não estivesse satisfeito com o Estado.

Desde o final do século XIX, no entanto, a legitimação do monopólio do uso da força pelo Estado está atrelada à teoria jurídico-racional, que *"tem por fundamento a crença na validade dos regulamentos estabelecidos racionalmente e na legitimidade dos chefes designados nos temos da lei"*[34].

Essa perspectiva de entendimento da legitimação do poder punitivo estatal está intrinsicamente relacionada ao movimento racionalista iniciado no século XVI, que passou a contestar as crenças sociais cunhadas em dogmas religiosos fazendo uso da matemática, isto é, pelo saber racional[35]. A partir de uma concepção de mundo fundada em princípios das ciências exatas, Nicolau Copérnico (1473-1543) iniciou o desenvolvimento do Heliocentrismo, superando a concepção aristotélica que colocava a Terra no centro do sistema solar, no que foi posteriormente seguido por Galileu Galilei (1564-1642).

Essa forma de ver o mundo iniciada nas ciências naturais, estendeu-se para as demais áreas do conhecimento, inclusive para as ciências sociais, que passaram a fazer uso dos mesmos fundamentos matemáticos para a sua estruturação. Essa transposição do pensamento racional para as ciências humanas se consolidou com René Descartes (1596-1650) que, em sua obra Discurso do Método[36], defendeu *"a ideia de que a razão deveria permear todos os domínios da vida humana, numa atividade libertadora, pois voltada contra as mais diversas formas de dogmatismo"* e, para isso, propôs a aplicação de um modelo matemático que permita qualificar como verdade apenas aquilo

---

nheimer, e posteriormente desenvolvida por Marx e Engels, com a formação e manutenção dos Estados Socialistas. Para uma análise completa de cada uma das teorias de justificação do Estado, ver: PAVANI, Sérgio Augusto Zampol. *Estado e Processo Civilizatório*. São Paulo: MP editora, 2009. p. 29/66; CALMON, Pedro. Ob. cit. 6 ed. Rio de Janeiro: Freitas Bastos, 1964. p. 30/58; e MALUF, Sahid. Ob. cit. 23 ed. São Paulo: Saraiva, 1995. p. 59/89.

[34] MALISKA, Marcos Augusto. Max Weber e o Estado Racional Moderno. In: *Revista Eletrônica do CEJUR*, v. 1, n. 1, ago./dez. 2006. p. 24.

[35] JAPIASSU, Hilton. *A crise da razão e do saber objetivo: as ondas do irracional*. São Paulo: Letras & Letras, 1996. p.10.

[36] São Paulo: Editora Martin Claret, 2000.

que "*for objeto de um questionamento radical que permita chegar a princípios, proposições primeiras, que sejam, de fato, indubitáveis*"[37].

Por esta perspectiva, portanto, em todos os domínios da vida humana, a verdade somente poderia ser alcançada pela razão, isto é, pela verificação empírica da sua existência por meio de princípios matemáticos objetivos, abandonando-se de vez a subjetividade[38].

Em decorrência disso, o racionalismo influenciou diretamente na concepção do direito da época, o que fica evidenciado pela afirmação de Hobbes: "*Nossos juristas concordam com o fato de a Lei nunca ser contrária à razão*"[39]. Então, por ser a expressão da razão, o Direito passou a ser entendido como perfeito, formado por "*normas jurídicas absolutas e universalmente obrigatórias e imutáveis*"[40].

A necessidade de adequação do Direito a modelos objetivos, matemáticos, perfeitos, resultou na gradual substituição dos costumes e das leis naturais pelo positivismo jurídico, processo que foi se desenvolvendo até o ponto de "*A lei constituiu-se em instrumento de representação da razão, da racionalidade, pois por intermédio dela estar-se-ia garantindo estabilidade, em oposição ao particularismo, bem como salvaguardando o 'interesse geral', devido ao seu caráter impessoal, capaz de criar uma unidade*"[41].

E se a lei é a expressão do *interesse geral*, torna-se indispensável a criação de mecanismos para garantir a sua manutenção; e é nesse ponto que se fixa a legitimação jurídico-racional do Estado. Isso porque, o monopólio do poder de coação pelo Estado deixa de ser visto como ferramenta para o controle social e se transforma em meio indispensável para a manutenção do Direito, cujas normas representam a razão, o bem estar social, a verdadeira vontade coletiva.

Nessa perspectiva, o Estado legitima o seu poder de coação na transmissão às pessoas da crença de que atua sob a égide de normas jurídicas

---

[37] ROSENFIELD, Denis L. **Descartes: vida e obra (introdução)**. In: Descartes, René. *Discurso do método*. Porto Alegre: L&PM, 2005. p. 07/12).
[38] JAPIASSU, Hilton. *A crise da razão e do saber objetivo: as ondas do irracional*. São Paulo: Letras & Letras, 1996. p. 187.
[39] HOBBES, Thomas. *Leviatã ou a Matéria, Forma e Poder de um Estado Eclesiástico Civil*. São Paulo: Ícone, 2000, p. 196.
[40] CASSIRER, Ernest. *A filosofia do Iluminismo*. Campinas: Editora Unicamp, 1992. p. 327.
[41] OHLWEILER, Leonel. Os princípios constitucionais da administração pública a partir da filosofia hermenêutica: condições de possibilidade para ultrapassar o pensar objetificante. In: *Revista de Direito Administrativo e Constitucional*, Belo Horizonte, v. 4, n. 18, out. 2004. p. 113.

justas (racionais), reguladoras da melhor maneira de se viver em sociedade e que somente podem ser garantidas pela punição daqueles que as descumprem.

Dessa forma, explica Gianfranco Poggi, o Estado consegue que "*os cidadão se submetam à sua autoridade, não pela inércia de uma rotina irracional nem por calculismo utilitário de vantagens pessoais, mas pela convicção de que a obediência é a conduta certa*"[42].

A crença de que o poder de coação do Estado está legitimado na necessidade de manutenção de normas jurídicas racionais fez com que Hans Kelsen afirmasse que as pessoas aceitam o poder ou a dominação do Estado porque sentem que "*estar sometido al poder del Estado no significa otra cosa sino hallarse vinculado por un ordenamiento jurídico*"[43].

Assim, o sistema penal atual foi construído sobre as seguintes bases: (i) estrutura centralizada e hierarquizada; (ii) detenção do monopólio da coação com a finalidade de controle social e manutenção do poder central; (iii) a exclusão da vítima na resolução do problema penal; e (iv) na transmissão da crença da submissão moral das pessoas a um direito racional, justo, garantidor do sistema ideal de convívio entre os indivíduos.

Ocorre que esse modelo de organização do Estado e do sistema penal – que lhe serve de instrumento para o exercício do poder e controle social – está em crise, pois, como se passará a demonstrar a partir de agora, a participação ativa e quase exclusiva do Estado na aplicação do direito penal não resolve nenhum dos problemas causados pelo crime e o discurso legitimador do sistema penal vigente não se sustenta mais.

---

[42] *A evolução do Estado Moderno: uma introdução sociológica*. Rio de Janeiro: Zahar editores, 1981. p. 110.
[43] Ob. cit. Barcelona: Editorial Labor, 1986. p. 129.

2. A CRISE DO SISTEMA PENAL

Do modo como descrito no capítulo anterior, historicamente, o sistema penal tem sido utilizado pelo Estado como instrumento de controle social realizado por meio do monopólio do uso da força e legitimado em função do pensamento dominante de cada época.

Desde o século XIX, o sistema penal está sustentado pela legitimação jurídico-racional, isto é, na crença popular de que são justas e representam a vontade social, de modo que a coação Estatal é a manifestação do interesse geral.

Para as leis serem aparentemente perfeitas, as decisões e a interpretação da lei não devem ser divergentes, haja vista que não pode haver duas verdades sobre um mesmo fato. Por isso, como se analisará abaixo, o sistema jurídico se tornou burocrático e hierarquizado, concentrando, em última instância, as decisões em um único órgão, com o poder de dar a última palavra sobre a matéria.

No entanto, a partir do início da década de 80 do século passado, a sociedade sofreu diversas transformações nas áreas políticas e econômicas, que afetaram diretamente o sistema jurídico penal, colocando em dúvida a sua legitimidade.

2.1. Os efeitos da globalização no sistema jurídico

Na segunda metade do século XX, o desenvolvimento tecnológico mudou em definitivo a relação das pessoas com o tempo. O telefone, a televisão e principalmente a internet diminuíram a distância entre as pessoas, possibilitaram a comunicação em tempo real, aumentaram a velocidade da divulgação de notícias e a propagação de informações[44].

Aproveitando-se disso, os agentes econômicos passaram a realizar operações comerciais em diversas regiões do mundo, com o intuito de aumentarem a lucratividade por meio da exploração de novos mercados consumidores. Para facilitar o fluxo de mercadorias, os países derrubaram as tradicionais barreiras nacionais[45] para melhor interagir com um mercado mundial, o que fomentou a criação de organizações globais para regulamentar essas operações, como a Organização Mundial do Comercio (OMC), o Fundo Monetário Internacional (FMI), entre outras[46].

A conjunção desses fatores foi denominada de globalização, isto é, uma *"integração sistêmica da economia em nível supranacional, deflagrada pela crescente diferenciação estrutural e funcional dos sistemas produtivos e pela subseqüente ampliação das redes empresariais, comerciais e financeiras em escala mundial, atuando de modo cada vez mais independente dos controles políticos e jurídicos ao nível nacional"*[47].

Inicialmente adstrita à economia, essa interação mundial de natureza eminentemente sistêmica (globalização), caracterizada pela aceleração do ritmo na realização dos negócios e serviços, pela integração dos mercados

---

[44] Nas palavras de Paulo Silva Fernandes, *"a internet é que realmente deu o passo decisivo em relação ao ágora mundial. Dela se pode falar com propriedade como sendo o elemento que, subjectiva e objectivamente, transformou o globo em aldeia, possibilitando que se esteja, virtualmente, em todo o lado e ao mesmo tempo desde o momento em que se tem acesso à 'rede'"* (Globalização, "sociedade de risco" e o futuro do direito penal. Coimbra: Almedina, 2001. p. 39).

[45] São exemplos: a abertura das fronteiras nacionais para produtos importados, a diminuição da carga tributária, a redução do subsídio governamental ao produtor local, entre outros. Detalhadamente sobre as mudanças feitas por cada país para facilitar as relações comerciais com os demais, ver o *Global Enabling Trade Report 2012*, publicado pelo World Economic Forum. (Disponível em < http://www3.weforum.org/docs/GETR/2012/GlobalEnablingTrade_Report.pdf>, acesso em 02 de Outubro de 2013).

[46] RAMONET, Ignácio. *Situación actual del proceso de globalización, El proceso de globalización mundial*. Barcelona: Intermon, 2000. p. 11 e ss.

[47] FARIA, José Eduardo. *O Direito na economia globalizada*. 3.tir. São Paulo: Malheiros, 2002. p. 52.

mundiais e pela comunicação em tempo real sem limitação de espaço[48], alterou a estrutura dos Estados-nação e as relações sociais[49].

Nessa nova realidade, a antiga concepção de Estado-nação centralizado vai, aos poucos, se deteriorando[50] com a derrubada das fronteiras político-econômicas, em busca de um modelo mais suscetível às regras flexíveis do mercado econômico[51]. Para atender essa necessidade comercial, muitos países se alinharam em blocos econômicos, como a Comunidade Europeia do Carvão e do Aço (CECA) e a Comunidade Econômica Europeia (CEE), possibilitando uma relação comercial muito mais rápida e menos burocrática. O fortalecimento desses blocos e a confiança mútua entre seus membros possibilitaram a criação da União Europeia e, depois, a livre circulação de pessoas entre os países-membros, com todos os indivíduos das diferentes nacionalidades compartilhando dos mesmos direitos e de uma moeda comum, ruindo de vez com as estruturas dos Estados nacionais clássicos[52].

Do mesmo modo, a velocidade, a desburocratização e a constante mutação do mundo econômico globalizado também refletiram no modo de vida da sociedade pós-moderna. De acordo com Zygmunt Bauman, a mentali-

---

[48] ESTEFANÍA, Joaquim. *La nueva economia. La globalización*. 4 ed., Madrid: Temas de Debate, 2000. p. 11 e ss.
[49] GOMES, Luiz Flávio; BIANCHINI, Alice. Globalização e Direito Penal. In: *Escritos em homenagem a Alberto Silva Franco*. São Paulo: Revista dos Tribunais, 2003. p. 265.
[50] Como explica Jeferson Dytz Marin, "*a globalização exerce caráter mutante no esteio precípuo da definição de Estado, a soberania, dando azo ao chamado Estado-Região, que enfraquece o paradigma do Estado-Nação*" (Crise do Estado e jurisdição. In: *Direitos Fundamentais e Justiça*. Porto Alegre, v. 5, n. 15, abr./jun., 2011. p. 188).
[51] Nas palavras de Fábio de Oliveira, "É nítido que a globalização altera a compreensão da soberania estatal, a qual se vê enfraquecida, dependente das interações mundializadas, nomeadamente econômicas, quando se proclama em crise o Estado Nação, o que realmente exige uma revisão da teoria geral do Estado" (Estado Social, globalização, neoliberalismo e constituição dirigente. In: *Novos Estudos Jurídicos*, v. 12, nº 2, jul-dez, 2007. p. 219.
[52] Por conta da gradual transferência de poder dos Estados para organizações supranacionais, Celso Duvivier de Albuquerque Mello afirma que estamos presenciando "*o início da era de desaparecimento do Estado*" (A soberania através da história. In: *Anuário Direito e Globalização: a soberania*. v. 1. Rio de Janeiro: Renovar, 1999 p. 22). Em sentido oposto, André-Jean Arnaud afirma que "*o Estado está aí, e bem sólido*", sendo "*o único agente de peso suscetível, em muitos casos, de proteger contra essa nova 'ordem global' que se introduz através da economia*" (O direito entre modernidade e globalização: lições de filosofia do Direito e do Estado. Trad. Patrice Charles Wuillaume. Rio de Janeiro: Renovar, 1999. p. 174).

dade capitalista se transferiu da indústria para o mercado de consumo[53], formando uma sociedade instável, flexível, preocupada em se reajustar diariamente às novidades e aos padrões do mundo externo[54]. A consequência foi a formação de uma sociedade imediatista, caracterizada por sua extraordinária mobilidade e ausência de rigidez[55].

Em decorrência disso, a sociedade contemporânea rompeu com o paradigma racionalista, baseado no pensamento lógico-científico, pois *"para a grande maioria dos habitantes do líquido mundo moderno, atitudes como cuidar da coesão, apegar-se às regras, agir de acordo com precedentes e manter-se fiel à lógica da continuidade, em vez de flutuar na onda das oportunidades mutáveis e de curta duração, não constituem opções promissoras"*[56].

Dessa forma, no mundo globalizado pós-moderno não há espaço para o formalismo em detrimento do tempo, havendo em todas as áreas a exigência da obtenção do melhor resultado no menor tempo[57], expectativa que também passou a existir em torno do direito.

Ocorre que, como já visto, ao contrário da sociedade contemporânea, o sistema jurídico-penal está estruturado em um formalismo sistêmico, baseado nas ideias de pensadores que viam na ciência exata a solução e a explicação para todos os problemas do mundo. Não havia compromisso com o tempo, a busca era sempre por uma verdade que somente poderia ser obtida por um raciocínio cartesiano, construído a partir de uma verdade incontestável. E essa forma de ver o mundo pautava também o direito, no qual sempre se privilegiou a uniformidade da interpretação legal e a busca da perfeição jurídica, em detrimento da prestação jurisdicional célere e da resposta ao delito em um prazo razoável.

No Brasil e em Portugal, por exemplo, enquanto vigeram as Ordenações Filipinas, o instituto dos assentos serviu por muito tempo para vincular a interpretação da lei. O Livro I, Título 5.º, § 5º, desta Lei previa que *"a determinação, que sobre o entendimento da dita Ordenação se tomar, mandará o Regedor escrever no livro da Relação, para depois não vir em dúvida"*. Referido instituto,

---

[53] *Modernidade líquida*. Rio de Janeiro: Zahar, 2001. p. 100
[54] *Ibidem*. p. 37
[55] *Ibidem*. p. 08
[56] BAUMAN, Zygmunt. *Identidade: entrevista à Benedetto Vecchi*. 1ª ed. Rio de Janeiro: J. Zahar Editor, 2005. p. 60.
[57] FARIA, José Eduardo. Globalização é um problema, não um destino. In: *Getúlio*. São Paulo: Fundação Getúlio Vargas, 2007. p. 18.

apesar de ter sofrido alterações ao longo da história[58], permaneceu em uso no Direito português até ser declarado inconstitucional pelo Tribunal Constitucional (acórdão n.º 743/1996)[59]. No Brasil, até os dias de hoje, por nítida influência do racionalismo, ainda que como efeito do Recurso Especial, sem efeito suspensivo, atribui-se ao Superior Tribunal de Justiça competência para uniformizar a jurisprudência dos Tribunais que, por ventura, derem "*a lei federal interpretação divergente*" (art. 105, III, c, da Constituição Federal)[60].

Parece-nos claro, portanto, que o sistema jurídico vigente, estruturado antiquadamente para garantir a irreal perfeição das Leis, representa o extremo oposto do imediatismo exigido nesta nova ordem mundial. Enquanto o sistema jurídico é burocrático e lento, a sociedade exige uma resposta rápida para os seus conflitos.

Em outras palavras, a antiga imagem da justiça como um instrumento de cálculo deixou de ser compatível com a realidade[61].

Nesse contexto, a sociedade passou a enxergar a formalidade do direito como o grande entrave para a solução de conflitos sociais[62], e não mais um meio necessário para a formação de um ordenamento coeso. Essa incompatibilidade entre a estruturação do direito e a nova ordem mundial transmite a sensação de que o ordenamento jurídico, que outrora era eficiente na solução dos conflitos, não atende aos anseios de justiça da sociedade atual.

Assim, de acordo com o raciocínio desenvolvido, uma das principais razões para a crise do sistema jurídico é o excesso de formalismo da sua estrutura centralizada, hierarquizada, burocrática e lenta, incompatível com o imediatismo que permeia as relações sociais e com a crescente desburocratização das relações entre países e organizações internacionais.

---

[58] Sobre a evolução e mudanças históricas do instituto dos assentos, ver: MENDES, Armindo Ribeiro. *Recursos em Processo Civil*. Lisboa: Lex, 1992. p. 273/286.
[59] Sobre a inconstitucionalidade material do instituto dos assentos, ver: NEVES, Antonio Castanheira. *O Instituto dos "Assentos" e a Função Jurídica dos Supremos Tribunais*. Coimbra: Coimbra editora, 1983.
[60] Da mesma forma, em Portugal, o Recurso Extraordinário, sem efeito suspensivo, permite ao Supremo Tribunal de Justiça uniformizar a jurisprudência (cf. art. 11.º, 3, c), c.c. art. 437.º e ss., ambos do CPP).
[61] MESSUTI, Ana. Desconstruyendo la imagen de la justicia. In: *Escritos em homenagem a Alberto Silva Franco*. São Paulo: Revista dos Tribunais, 2003. p. 106.
[62] FRANCO, Alberto Silva. Na expectativa de um novo paradigma. In: ANDRADE, Manuel da Costa; ANTUNES, Maria João; SOUSA, Susana Aires de (Org.). *Estudos em homenagem ao Prof. Doutor Jorge Dias de Figueiredo Dias*. v. I. Coimbra: Coimbra Editora, 2009. p. 330.

2.1.1. Os reflexos do neoliberalismo no sistema penal

A doutrina do liberalismo político de John Stuart Mill foi transportada, no século XIX, para a formatação de um Estado mínimo, *"com funções restritas quase que à mera vigilância da ordem social e à proteção contra ameaças externas"*[63]. Na segunda década do século XX, no entanto, esta concepção de Estado começou a ruir[64] em razão da tensão social causada pelo surgimento de um enorme proletariado, insatisfeito com as condições de trabalho, má remuneração e injustiças, a que estavam submetidos.

Nesse contexto, e após a implementação do socialismo na Rússia, muitos países começaram a tomar medidas socializantes, como maneira de amenizar o conflito de classes. Idealizado, portanto, no período pós-primeira guerra mundial, com base na doutrina de John Maynard Keynes, o Estado de bem-estar social foi concebido para atuar positivamente na realização da justiça social, diminuindo a injustiça na divisão do produto econômico por meio da garantia de direitos sociais ligados às condições dos trabalhadores (salário mínimo, seguro-desemprego, entre outros) e proporcionando aos desfavorecidos acesso à saúde, educação e outros serviços[65].

A partir desse momento histórico, os países industrializados atravessaram um período econômico-social estável, *"conhecido como a era Dourada do capitalismo"*[66], pois, segundo Bowles, citado por Claus Offe, *"o acordo representou, por parte da mão-de-obra, a aceitação lógica do lucro e dos mercados (...), em troca de uma garantia de que seriam defendidos os padrões mínimos de vida, os direitos sindicais e os direitos democráticos liberais, seria evitado o desemprego em*

---

[63] DALLARI, Dalmo de Abreu. *Elementos de teoria geral do Estado*. 26 ed. São Paulo: Saraiva, 2007. p. 280.
[64] Para mais detalhes acerca da crise do Estado Liberal, ver: PELAYO, Manuel García. *Derecho Constitucional Comparado*. Madrid: Alianza, 1993, p. 198-204; e STRECK, Lenio Luiz. *Hermenêutica jurídica e(m) crise: uma exploração hermenêutica da construção do Direito*. 2.ed. rev. ampl. Porto Alegre: Livraria do Advogado, 2000, p. 17.
[65] SUNDFELD, Carlos Ari. *Fundamentos de Direito Público*. 4 ed. São Paulo: Malheiros, 2004. p. 55.
[66] SUNKEL, Osvaldo. Globalização, neoliberalismo e reforma do Estado. In: PEREIRA. Luiz Carlos Bresser (et al.; Org.) *Sociedade e Estado em transformação*. São Paulo: Editora UNESP, 1999. p. 185.

massa e a reanda real subiria aproximadamente de acordo com a produtividade do trabalho, tudo isto através da intervenção do Estado, se necessário"[67].

O Estado de bem-estar social, portanto, foi o meio encontrado para suavizar o conflito social, pois, ao mesmo tempo, mantinha a atividade lucrativa da classe industrial e atendia às reivindicações da classe operária descontente com as condições degradantes de trabalho e de vida[68].

No entanto, o Estado social começou a ser *"vítima do seu próprio sucesso"*[69]. Isso porque a proteção institucional começou a desestimular o trabalhador a se qualificar e buscar posição de trabalho, o que resultou na queda de qualidade da mão de obra e no aumento de pessoas dependentes de programas assistenciais.

A consequência desse fato foi a superação das despesas do Estado com relação às receitas[70], disparidade que se agravou com o envelhecimento da população, o que gerou um custo extra nas áreas da previdência e da saúde e a diminuição da população economicamente ativa[71].

Na tentativa de alterar essa desigualdade entre despesa e receita, o Estado se viu obrigado a aumentar a taxa de juros, o que resultou no descontentamento da classe produtora, no aumento dos preços e, por conseguinte, da inflação, afetando também, em última instância, a classe média trabalhadora e as pessoas dependentes do próprio Estado.

Como bem resume Claus Offe, o Estado Social entrou em decadência porque *"o setor público não-produtivo tornou-se uma carga intolerável para o setor privado, levando a uma carência crônica de capital de investimentos; a ética do tra-*

---

[67] *Problemas estruturais do Estado capitalista.* Trad. Bárbara Freitag. Rio de Janeiro: Tempo Brasileiro, 1984. p. 379.
[68] Nesse sentido, Agustín Gordillo explica que *"A diferença básica entre a concepção clássica do liberalismo e a do Estado de Bem-Estar é que, enquanto naquela se trata tão-somente de colocar barreiras ao Estado, esquecendo-se de fixar-lhe também obrigações positivas, aqui, sem deixar de manter as barreiras, se lhe agregam finalidades e tarefas às quais antes não se sentia obrigado"* (*Princípios Gerais de Direito Público.* Trad. de Marco Aurélio Greco. São Paulo: Revista dos Tribunais, 1977. p. 74).
[69] OFFE, Claus. Ob. cit. Trad. Bárbara Freitag. Rio de Janeiro: Tempo Brasileiro, 1984. p. 379.
[70] ROSANVALLON, Pierre. *A crise do Estado-providência.* Tradução Joel Pimentel Ulhôa. Revisão Estela dos Santos Abreu. Goiânia: Universidade de Brasília e Universidade Federal de Goiás, 1997, p. 7.
[71] BUFFON, Marciano. *Tributação e dignidade humana: entre os direitos e deveres fundamentais.* Porto Alegre: Livraria do Advogado, 2009. p. 33; COMBLIN, José. *O neoliberalismo: ideologia dominante na virada do século.* 3 ed. Petrópolis: Vozes, 1999. p. 27.

balho está em processo de solapamento e a classe média independente está sufocada, economicamente, pelas taxas elevadas e pela inflação"[72].

Soma-se a isso a ineficiência dos Estados Sociais em controlar as duas crises do petróleo na década de 70[73], que resultaram na elevação do preço do produto, agravando significativamente a crise financeira destes Estados, principalmente na Europa, uma vez que suas indústrias dependiam de petróleo importado[74].

Outro fator que contribuiu para a derrocada do Estado Social foi a sua incapacidade de conter o crescimento do terrorismo político (IRA, ETA, entre outros) e da criminalidade comum, gerando ainda mais insatisfação popular e descrédito nas instituições estatais. Como alertava J. E. Hall Williams, ainda em 1976, "*o mundo ocidental experimenta ao mesmo tempo ataque sem precedentes a seus valores e instituições, decorrentes do crescimento de novas formas de criminalidade e da expansão de atividades terroristas com finalidades políticas, bem como do rápido crescimento de algumas formas de crimes convencionais*"[75].

Aliado a isso, o declínio do pensamento socialista na década de 80 – dentre outros motivos, pelo fracasso político-social da teoria de Marx testada na ex-União Soviética, Cuba e Alemanha Oriental[76] – abriu espaço para o desenvolvimento da teoria neoliberal[77].

Com esse pano de fundo, na década de 80, "*encerrou-se um extenso período de governo centrista e moderadamente social-democrata*", substituído por "*Governos da direita ideológica, comprometidos com uma forma extrema de egoísmo comercial e laissez-faire*"[78], como, por exemplo, Margaret Thatcher, na Inglaterra

---

[72] OFFE, Claus. Ob. cit. Trad. Bárbara Freitag. Rio de Janeiro: Tempo Brasileiro, 1984. p. 380.

[73] CARCANHOLO, Marcelo Dias. Neoliberalismo e o consenso de Washington: a verdadeira concepção de desenvolvimento do Governo FHC. In: MALAGUTI, Manoel L.; CARCANHOLO, Reinaldo A.; CARCANHOLO, Marcelo D. (Orgs.). *Neoliberalismo: a tragédia do nosso tempo*. 4 ed. São Paulo: Cortez, 2008. p. 16.

[74] SUNKEL, Osvaldo. Ob. cit. p. 28.

[75] A crise de confiança no sistema penal e em particular nas prisões. In: *Revista de Direito Penal*. Rio de Janeiro, 21/22, jan./jun., 1976. p. 38.

[76] De acordo com Osvaldo Sunkel, "*acentuado pela falência do socialismo, um tema essencial nas esferas social e política está no processo deliberado e em massa de tentativas de desmantelamento do sistema de garantias sociais criado durante o período do pós-guerra*" (Ob. cit. p. 185).

[77] Para melhor entender o pensamento neoliberal, ver: FRIEDMAN, Milton. *Capitalismo e liberdade*. Trad. Luciana Carli. São Paulo: Nova cultura, 1985.

[78] HOBSBAWM, E. A. *A era dos extremos. O breve século XX: 1914-1991*. São Paulo: Companhia das Letras, 1995. p. 245.

em 1979, Ronald Reagan, nos Estados Unidos em 1980, e Helmut Kohl, na Alemanha em 1980[79].

Somado ao retorno do Estado liberal, despreocupado com os problemas sociais, o desenvolvimento tecnológico resultou na gradual substituição de pessoas por máquinas na linha de produção das indústrias, aumentando consideravelmente o número de desempregados e, por conseguinte, de pessoas que não conseguem se incluir socialmente pelo trabalho[80].

Dessa forma, em pouco tempo, a classe trabalhadora viu diminuírem os números de postos de trabalho e o assistencialismo estatal, o que resultou na criação de setores sociais excluídos ou em risco de exclusão, considerados prescindíveis socialmente por terem ínfima capacidade de consumo[81].

Assim, ao mesmo tempo em que o mundo contemporâneo neoliberal fomenta *"uma cultura de altas expectativas tanto materiais como em termos de auto-realização"*[82], a população excedente não encontra espaço ou oportunidade para se desenvolver economicamente. A frustração individual decorrente dessa realidade *"se torna uma fonte de tensão do sistema e, juntamente com a privação relativa no mundo material, uma fonte poderosa de desvio"*[83].

Além disso, aqueles que tentam, de alguma forma, buscar a inclusão social, encontram barreiras praticamente intransponíveis, haja vista a defasagem da sua escolaridade. Essa negação dos excluídos agrava a insegurança social, pois *"a violência pode ocorrer como resultado de (...) choque entre indivíduos que reivindiquem igualdade e outros que lhes oponham resistência"*[84].

Por sua vez, os jovens excedentes, principalmente os homens, ao perceberem que não possuem uma boa perspectiva de futuro, uma carreira promissora, criam grupos de subculturas para negar os ideais do mundo moderno, bem como para resistirem aos novos incluídos, principalmente, os negros, as mulheres e os homossexuais. Para difundirem essa identidade rejeitadora,

---

[79] MORAES, Reginaldo. *Neoliberalismo: de onde vem, para onde vai?*. São Paulo: editora Senac, 2001. p. 32/33.
[80] FRANCO, Alberto Silva. Na expectativa de um novo paradigma. In: ANDRADE, Manuel da Costa; ANTUNES, Maria João; SOUSA, Susana Aires de (Org.). Estudos em homenagem ao Prof. Doutor Jorge Dias de Figueiredo Dias. v. I. Coimbra: Coimbra Editora, 2009. p. 331.
[81] BRANDARIZ GARCIA, José Ángel. *Política Criminal de la exclusión*. Granada: Comares, 2007. p. 49.
[82] YOUNG, Jock. *A sociedade excludente: exclusão social, criminalidade e diferença na modernidade recente*. Trad. Renato Aguiar. Rio de Janeiro: Renavan, 2002. p. 29.
[83] Idem. Ibidem. p. 29.
[84] Idem. Ibidem. p. 32/33.

usam da única ferramenta naturalmente disponível, a força física[85]. *"Assim, sua subcultura ou resistência eleva a obstinação e a força física à categoria de virtude primeira: é sexista, frequentemente racista e explicitamente anti-intelectual"*[86].

Todos esses fatores conjugados contribuem para a disseminação da desordem e da insegurança em toda a sociedade. Esses sentimentos se agravaram ainda mais com crescimento da população excedente, que, nos dias de hoje, convive lado a lado com os incluídos[87].

Nesse cenário, para conter a expansão da população excedente nos grandes centros e o crescimento da criminalidade que, iniciado na década de setenta, se agravou com o aumento das tensões sociais, o direito penal é utilizado pelo Estado para, por meio da força, manter uma aparente ordem pública. Dessa forma, a população excedente, anteriormente resgatada por meio de políticas sociais[88], passou a ser o alvo de um controle punitivo que, *"de um lado, criminaliza a miséria, para que os excluídos sociais não criem embaraços ao processo globalizador e, de outro, formula, para dar tranquilidade aos incluídos – falsa tranquilidade, por sinal – um direito penal da emergência, puramente simbólico"*[89].

Com o intuito de justificar a utilização do direito penal, dissemina-se a cultura do medo coletivo[90]. As imagens do crime e do medo do crime se tornaram produtos de consumo, distribuídos, em tempo real, pelos mais distintos meios de comunicação. A velocidade da informação torna a vio-

---

[85] Idem. Ibidem. p. 31.
[86] Idem. Ibidem. p. 31.
[87] Como explica Zygmunt Bauman, com o desaparecimento dos *"territorios 'vacíos' y las 'tierras de nadie' (...) que habían servido durante siglos como principal vía de salida para tantos y tantos seres humanos residuales", "cuando se bloquean los conductos de drenaje del excedente de seres humanos. Como la población 'superflua' se queda dentro y comparte el espacio hombro con hombro con el resto (la población 'util' y 'legítima'/0, las líneas que separan la 'normalidad' de la 'anormalidad' (...) tienden a no ser ya tan tranquilizadoramente inequívocas"* (Archipiélago de excepciones. Trad. Albino Santos Mosquera. 1 ed. Barcelona: Katz e CCCB, 2005. p. 20 e 24).
[88] Como diz Jock Young, *"o papel do Estado do bem-estar social é assimilar os desviantes, integrando-os no corpo da sociedade"* (Ob. cit. p. 21)
[89] FRANCO, Alberto Silva. Na expectativa de um novo paradigma. In: ANDRADE, Manuel da Costa; ANTUNES, Maria João; SOUSA, Susana Aires de (Org.). Estudos em homenagem ao Prof. Doutor Jorge Dias de Figueiredo Dias. v. I. Coimbra: Coimbra Editora, 2009. p. 334.
[90] De acordo com Jesús-María Silva Sánchez, *"nossa sociedade pode ser melhor definida como a sociedade da 'insegurança sentida' (ou como a sociedade do medo). Com efeito, um dos traços mais significativos das sociedades da era pós-industrial é a sensação geral de insegurança"* (A expansão do direito penal: aspectos da política criminal nas sociedades pós industriais. Tradução Luiz Otavio de Oliveira Rocha. São Paulo: Revista dos Tribunais, 2002. p. 32).

lência alheia ao tempo e ao espaço, afetando a todos, independentemente da sua localização[91].

Essa desproporcional repercussão midiática dos eventos penais agravam a insegurança social. Travestindo-se de opinião pública, os meios de comunicação transmitem as condutas criminosas como espetáculos do mundo real[92], manipulando fatos e espalhando por toda a sociedade um medo generalizado[93].

Nessa perspectiva atual, a sociedade, atemorizada pela disseminação da cultura do medo, busca no sistema penal uma solução para os seus problemas[94], reforçando a sua vocação de ser instrumento de controle social, adquirida desde o momento em que o Estado assumiu o monopólio do uso da força. No entanto, a lentidão e a burocracia do sistema com raízes jurídico-racional não atendem à demanda social com a presteza desejada.

Paralelamente ao processo de criminalização da miséria, há ainda o aumento dos bens jurídicos inseridos no âmbito de proteção do direito penal[95]. Com a globalização, desenvolveu-se o conceito de bens jurídicos

---

[91] CARVALHO, Salo de. *Antimanual de criminologia*. 4. Ed. Rio de Janeiro: Lumen Juris, 2011. p. 32/33.

[92] COSTA, Domingos Barroso. Da Modernidade à pós-modernidade, do positivismo ao pós-positivismo: sobre a exposição da crise de legitimidade do sistema penal brasileiro pelas transformações da sociedade e do direito. In: *Revista Brasileira de Ciências Criminais*, São Paulo, v. 20, n. 94, jan/fev 2012. p. 323.

[93] Conforme Carlos Alberto Elbert, "*os meios de comunicação realimentam as visões mais retrógradas e discriminatórias do controle, explorando a face emocional do fenômeno delitivo, reforçando estereótipos e preconceitos, atiçando o pânico social e demandando uma segurança maniqueísta e seletiva. Trata-se de ferramenta fundamental para impedir progressos tais como as penas alternativas*" (Alternativas à pena ou ao sistema penal?. In: *Discursos Sediciosos: crime, direito e sociedade*. Rio de Janeiro, v. 3, 5/6, 1998. p. 116).

[94] Como explica Winfried Hassemer, o medo da violência e a necessidade de dominação do perigo transformou o direito penal em instrumento de prevenção, não de repressão. De acordo com o autor, "*O direito penal ampliado a todos os bens universais possíveis se aproxima do direito administrativo, e a ele também corresponderá à qualidade de suas sanções. Não se trata mais de um equilíbrio adequado de um ilícito factível (e a confirmação das normas lesionadas por meio desse equilíbrio); trata-se de uma prevenção do risco, da dominação do perigo, da intervenção, antes que os danos ocorram. A diferença entre repressão e prevenção, que distingue o direito penal tradicional do direito administrativo policial e demais outros, tornou-se impeditiva e obsoleta. Nós queremos prevenção em todo o lugar e isso sem supressões e com as armas mais penetrantes*" (Direito Penal Libertário. Belo Horizonte: Del Rey, 2007. p. 96).

[95] De acordo com Anabela Miranda Rodrigues, "*a nova criminalidade é a expressão deste novo modelo de organização social para que tendem as sociedades contemporâneas*" (Globalização, demo-

universais, cuja proteção tem relevância global, como é o caso dos crimes contra o meio ambiente, do terrorismo, entre outros[96].

Além disso, o desenvolvimento tecnológico propiciou a adoção de novas técnicas como instrumento para a prática de crimes e o surgimento de novas modalidades criminosas, cujo maior exemplo é a prática de crimes pela internet[97].

Assim, além da inerente incompatibilidade entre o imediatismo da sociedade contemporânea e a rigidez e burocracia do sistema jurídico de bases racionais, o sistema penal também sofre com a sua utilização como meio de controle da população excedente, excluída do mundo globalizado, e o crescente número de condutas tipificadas como crime.

O mundo globalizado, portanto, colocou o sistema penal em um dilema complexo. Se por um lado, a sociedade demanda mais rapidez na solução dos conflitos, por outro, exige a criminalização de um número maior de condutas e a máxima interferência do direito penal no controle dos conflitos sociais.

Diferentemente dos demais ramos do direito, parece-nos que a crise do sistema penal não é apenas o resultado da incompatibilidade que há entre uma organização jurídica burocrática e o imediatismo do mundo contemporâneo. Entendemos que o problema fundamental do sistema penal está fundado nas aparentemente incompatíveis demandas sociais, que, por um lado, bradam por uma maior punição e, consequentemente, pela expansão do direito penal, e, ao menos tempo, exigem celeridade na prestação jurisdicional.

Desse modo, a pergunta que se coloca nos dias de hoje para resolver o problema do sistema criminal é: como adequar a exigência social por maior rapidez na resolução dos conflitos penais com a ampliação da utilização do direito penal como meio de controle social e com o aumento do número de condutas tipificadas como crime?

---

cracia e crime. In: COSTA, José de Faria; SILVA, Marco Antonio Marques da Silva. *Direito penal especial, processo penal e direitos fundamentais* – Visão luso-brasileira. São Paulo: Quartier Latin, 2006. p. 279.).

[96] MASI, Carlo Velho. *O crime de evasão de divisas na era da globalização: novas perspectivas dogmáticas, político-criminais e criminológicas*. Porto Alegre: Pradense, 2013. p. 51.

[97] SILVA SÁNCHEZ, Jesús-María. *A expansão do direito penal: aspectos da política criminal nas sociedades pós industriais*. Tradução Luiz Otavio de Oliveira Rocha. São Paulo: Revista dos Tribunais, 2002. p. 29.

3. A TENTATIVA DE RESOLUÇÃO DO PROBLEMA DO SISTEMA PENAL

As transformações sociais, políticas e econômicas que se iniciaram em meados da década de 70 e se consolidaram no início da década de 80 alteraram as características de uma sociedade apegada à perfeição em detrimento do tempo, substituindo-a por uma acostumada à rapidez na solução dos problemas.

Essa mudança refletiu diretamente na visão que as pessoas possuem sobre o sistema jurídico vigente, uma vez que sua justificação jurídico--racional acabou por transformar a justiça em um mecanismo lento e burocratizado, incompatível com as exigências de uma sociedade neoliberal.

Enquanto outras áreas do direito tiverem êxito na desjudicialização dos conflitos sociais por meio da arbitragem, por exemplo, o mesmo não foi feito com o sistema penal, pois a manutenção do monopólio do uso da força é fundamental para a política neoliberal exercer o controle social sobre a população excedente.

No entanto, alguma mudança precisava acontecer no sistema penal, uma vez que o não atendimento das exigências sociais por maior celeridade e rigidez na aplicação da lei, a perpetuação do sentimento de insegurança e a disseminação do descrédito na justiça, refletiriam no Estado como um todo e, por conseguinte, no neoliberalismo recém-implantado.

Como forma de dar uma resposta à sociedade, como se verá abaixo, o Estado neoliberal, ao invés de modificar a estrutura do sistema penal e deixar de ter a sua disposição um importante instrumento de controle social, alterou o modelo de política criminal vigente, solução que, após um período, mostrou-se insuficiente para resolver os problemas relacionados à criminalidade e à tentativa de devolver credibilidade à justiça penal.

3.1. Alteração do modelo de política criminal: da criminologia crítica para o realismo de direita

Como já visto, o pós-guerra da década de 50 do século passado marcou o início do apogeu do Estado de Bem-estar social, que se prolongou até meados da década de 70. As conquistas sociais e o assistencialismo público promovidos na vigência do Estado Social em favor das classes desfavorecidas fortaleceram os movimentos das minorias. Essas mudanças também abriram caminho para o desenvolvimento de diversos grupos de minorias e movimentos de contracultura, como os movimentos estudantis e o modo de vida dos *hippies*, que contestavam as regras e os padrões sociais[98].

O crescimento desses movimentos e a quebra dos paradigmas socialmente definidos como corretos resultavam, ocasionalmente, na punição criminal de condutas praticadas por representantes desses grupos quando contrárias aos costumes da sociedade tradicional. No entanto, em decorrência do ambiente político, social e cultural existente, não mais se aceitava a ideia de que toda a sociedade comungava de valores comuns[99], de modo que a punição penal das minorias e dos movimentos de contracultura por conta dos seus ideais não representava mais um consenso social, mas sim a imposição da vontade de um grupo dominante.

Como explicam Jorge de Figueiredo Dias e Manuel da Costa Andrade, *"as normas penais passam a ser vistas numa perspectiva de pluralismo axiológico ou mesmo de conflito, como expressão do domínio de um grupo ou classe"* e, por essa razão, prosseguem os autores, *"as questões centrais da teoria e da prática criminológicas deixam de se reportar ao 'delinquente' ou mesmo ao 'crime', para se*

---

[98] DIAS, Jorge de Figueiredo; ANDRADE, Manuel da Costa. *Criminologia: o homem delinqüente e a sociedade criminógena*. 2 ed. Editora Coimbra: Coimbra, 1997. p. 45.

[99] Segundo Alessandro Baratta, *"A investigação sociológica mostra que no interior de uma sociedade moderna existem, em correspondência à sua estrutura pluralista e conflitual, em conjunto com valores e regras sociais comuns, também valores e regras específicas de grupos diversos ou antagônicos"*. (*Criminologia crítica e crítica do Direito penal: introdução à sociologia do Direito penal*. 2 ed. Rio de Janeiro: ICC/Freitas Bastos Editora, 1999. p. 75).

dirigirem, sobretudo, ao próprio sistema de controlo, como conjunto articulado de instâncias de produção de normativa e de audiências de reacção"[100].

Dentro deste novo paradigma criminológico[101], destacou-se inicialmente a teoria do *labeling approach*, de acordo com a qual a desviação não está no desvalor inerente à conduta praticada, mas sim na maneira como a sociedade reage a ela, que distingue o cidadão comum do delinquente por meio da submissão deste às cerimônias estigmatizantes do sistema penal[102].

Nas palavras de Howard Becker, *"grupos sociais criam desviação ao fazerem regras cuja transgressão constitui desviação e ao aplicarem tais regras a pessoas particulares e as rotularem como outsiders. Desse ponto de vista, desviação não é uma qualidade do ato que a pessoa comete, mas antes a consequência da aplicação por outros de regras e de sanções a um ofensor. O desviante é aquele a quem um rótulo foi aplicado com êxito; comportamento desviante é o comportamento assim rotulado pelas pessoas"*[103].

Em correspondência ao momento social e político da época, o delinquente deixa de ser visto como um inimigo da sociedade e se transforma em uma vítima de um sistema socialmente seletivo.

De acordo com a classificação de Antonio García-Pablos de Molina[104], os principais postulados do *labeling approach* são: (i) interacionismo sim-

---

[100] DIAS, Jorge de Figueiredo; ANDRADE, Manuel da Costa. Ob. cit. p. 42/43.

[101] Usa-se a expressão novo paradigma porque até o início da década de 60 do século passado, predominou na criminologia o paradigma etiológico, cujo estudo estava centrado no homem delinquente. Primeiramente, o positivismo endógeno buscava no próprio ser humano as razões para o crime, seja por ter nascido com predisposição à prática de crimes, seja por um defeito no processo de aprendizagem (em ambos os casos, há um defeito fisiológico). Em seguida, o positivismo exógeno colocou a estrutura e a organização social em foco para explicar o crime, sendo o delito o resultado de defeitos de socialização, da falta de oportunidades, marginalização de grupos, etc. Contudo, os acontecimentos políticos e sociais da década de sessenta e sua influência no estudo do crime representou *"uma ruptura metodológica e epistemológica com a criminologia tradicional"* (DIAS, Jorge de Figueiredo; ANDRADE, Manuel da Costa. Ob. cit. p. 43).

[102] DIAS, Jorge de Figueiredo; ANDRADE, Manuel da Costa. Ob. cit. p. 49/50.

[103] *Outsiders: studies in the sociology of deviane.* New York: The Free Press, 1966. p. 9. *Apud*: DIAS, Jorge de Figueiredo; ANDRADE, Manuel da Costa. Ob. cit. p. 50. No mesmo sentido, Antonio García-Pablos de Molina explica que o *labelling approach* defende que *"el individuo se convierte em delinquente (...) no porque haya realizado uma conducta negativa, sino porque determinadas instituciones sociales le han etiquetado como tal, habiendo asumido el mismo dicho estatus criminal que las agencias del control social distribuyen de forma selectiva y discriminatoria"* (*Crimonología: una introducción a sus fundamentos teóricos.* 6 ed. Valencia: Tirant lo blanch, 2007. p. 463).

[104] *Ibidem.* p. 480/482.

bólico e construtivismo social (o comportamento humano é inseparável da sua interação social e o modo como a pessoa interage com a sociedade influência diretamente na imagem que tem de si mesmo e na prática de eventual crime); (ii) introspecção simpatizante (aproximação com a realidade criminal para compreender o mundo do desviado e o verdadeiro sentido que ele atribui à sua conduta); (iii) natureza *"definitorial"* do delito (a conduta não é delitiva em si mesma, mas depende de processos sociais de definição que a atribuem esse rótulo); (iv) caráter constitutivo do controle social (as instâncias formais de controle não identificam um delito, mas o produzem ao etiquetar uma conduta); (v) seletividade e discriminação no controle social (as chances e os riscos de um indivíduo ser etiquetado não dependem tanto da sua conduta, mas da posição que ocupa na pirâmide social); (vi) efeito criminógeno da pena (a pena resulta em cerimônias de degradação do condenado, estigmatizando-o de maneira irreversível e alterando a imagem que ele tem de si mesmo, o que leva à desviação secundária e exacerba o conflito social); e (vii) paradigma de controle (o estudo está focado nos processos de criminalização que atribuem a etiqueta de delinquente ao indivíduo, substituindo o paradigma etiológico).

Já ao final da década de sessenta e início da década de setenta, muitas das proposições trazidas pela teoria do *labeling approach* foram radicalizadas em decorrência da transposição do pensamento marxista para o estudo do crime e do funcionamento do sistema penal. Para os criminólogos radicais, o funcionamento das instâncias formais de controle e a definição jurídico-legal do crime são determinados pela vontade da classe dominante e utilizados para perpetuar *"uma desigualdade estrutural, alicerçada em razões económicas e com repercussões ao nível social, da estratificação em classes. Realidade esta em relação à qual se proclama a necessidade de intervenção"*[105].

Nessa perspectiva, o sistema penal é visto como instrumento das classes dominantes para a manutenção da desigualdade social e, principalmente, do sistema capitalista, o qual opõe os operários àqueles que controlam os meios de produção. Para conseguir essa segregação, as leis penais preveem, *"por um lado, actos socialmente não prejudiciais definidos como delituosos*

---

[105] SANTOS, Cláudia Maria Cruz. *O crime do colarinho branco (Da origem do conceito e sua relevância criminológica à questão da desigualdade na administração da justiça penal)*. Dissertação (mestrado). Coimbra, 1999. p. 153.

e, por outro, actos socialmente danosos que não são qualificados como infrações civis ou criminais"[106].

Por essa razão, os criminólogos radicais sustentam que o Homem é que deve ser defendido da exploração e da perseguição criminal que sofre da parcela dominante da sociedade que deseja manter o seu controle e a divisão de classes. Desse pensamento decorre a conclusão de que a intervenção estatal na resolução dos delitos é ilegítima, *"pois não é – em uma palavra – o delinquente que pode ou deve ser 'ressocializado', mas a própria 'sociedade punitiva' que deve ser (revolucionariamente) transformada"*[107].

Em resumo, a proposta apresentada pelos radicalistas é a total redefinição do sistema jurídico a partir da criminalização de condutas que violassem direitos fundamentais, o que somente seria possível fazer por meio de uma revolução que culminasse com a superação do sistema capitalista, responsável pelo conflito de classes e pelo surgimento dos delitos.

Entretanto, como já descrito no capítulo anterior, a partir de meados dos anos 70 e principalmente no início da década de 80, as transformações sociais e econômicas levaram à gradual substituição do Estado social pelo neoliberal, o que resultou numa menor influência dos movimentos de contracultura e, consequentemente, na diminuição do sentimento de solidariedade com as minorias.

Da mesma forma, o pensamento socialista entrou em declínio na década de 80 por diversas razões, entre elas o fracasso político social da teoria de Marx testada na ex-União Soviética, em Cuba e na Alemanha Oriental. Como consequência, a sua influência no pensamento criminológico foi perdendo espaço.

Aliado a isso, os já citados[108] problemas do sistema penal relacionados ao imediatismo da sociedade contemporânea, ao crescimento da taxa de criminalidade na década de setenta, ao aumento das tensões sociais com a diminuição do assistencialismo estatal, à expansão do direito penal e à

---

[106] SCHWENDINGER, Herman; SCHWENDINGER, Julia. Defensores Del orden o custódios de los derechos humanos? *In: criminologia critica*. Siglo Veintiuno Editores, p. 168/169. *Apud*: SANTOS, Cláudia Maria Cruz. *O crime do colarinho branco (Da origem do conceito e sua relevância criminológica à questão da desigualdade na administração da justiça penal)*. Dissertação (mestrado). Coimbra, 1999. p. 150/151.
[107] DIAS, Jorge de Figueiredo; ANDRADE, Manuel da Costa. Ob. cit. p. 61.
[108] Capítulo 2, *supra*.

ampla divulgação midiática da violência, elevaram o sentimento social de insegurança no início da década de oitenta.

Todos esses fatores conjugados culminaram na crescente pressão social por uma política criminal mais repressiva e menos tolerante com o infrator.

Assim, o descompasso entre a estrutura do sistema penal e as exigências da sociedade contemporânea pressionou o Estado neoliberal a adotar medidas para transferir à sociedade uma falsa sensação de segurança. Necessitava-se, portanto, de um modelo oposto ao que então influenciava o funcionamento penal, menos complacente com o desviante, algo novo que transmitisse à população um sentimento de mudança.

Nesse contexto, o binômio penalização-antigarantismo surgiu como meio ideal de atender às exigências da população por medidas extremas no combate ao crime. Esse paradigma para o desenvolvimento dos modelos de resposta ao delito, como regra geral, prevê, no direito material, a ampliação das penas privativas de liberdade e a aplicação de penas mais longas e duras (incluindo a pena de morte), aumentando a rigidez penal; e, processualmente, o aumento na aplicação das medidas cautelares restritivas e liberdade, acelerando a resposta ao delito.

Com essas premissas ideológicas, teoricamente se resolveria o problema do sistema penal, pois a diminuição das garantias do arguido e a sua punição rigorosa e antecipada transmite à sociedade uma sensação de segurança, consubstanciada na rápida e severa resposta ao crime.

Por isso, com amplo apoio popular, alastrou-se pelo mundo um modelo de política criminal de intervenção penal retrógrada e não humanitária, nomeada por Antonio García-Pablos de Molina de "seguridad ciudadana"[109], fundada com base nas teorias criminológicas do final do século XX, nomeadamente no realismo de direita, *"corrente que privilegia a obtenção da ordem em detrimento da garantia dos direitos dos cidadãos – a eficácia surge como a palavra chave"*[110].

De um modo geral, as políticas criminais que se enquadram na *seguridad ciudadana* possuem oito características em comum provenientes do realismo de direita: (i) maior preocupação com os crimes convencionais

---

[109] MOLINA. Antonio Garcia-Pablos de. *Crimonología: una introducción a sus fundamentos teóricos*. 6 ed. Valencia: Tirant lo blanch, 2007. p. 682.

[110] SANTOS, Cláudia Maria Cruz. *O crime do colarinho branco (Da origem do conceito e sua relevância criminológica à questão da desigualdade na administração da justiça penal)*. Dissertação (mestrado). Coimbra, 1999. p. 196.

(crimes de rua); (ii) intolerância com o delinquente e rigor nas punições decorrentes do sentimento coletivo de medo e insegurança; (iii) preocupação exacerbada com os interesses da vítima; (iv) influência da opinião pública nas decisões legislativas em detrimento dos peritos na área; (v) revalorização do caráter punitivo da pena; (vi) confiança ilimitada nas instituições formais de controle e descrédito no sistema de garantia que as controla; (vii) participação direta da sociedade e de organizações privadas na prevenção o delito (segurança privada) e na execução da pena (principalmente nas penas não privativas de liberdade); e (viii) explicação do crime como consequência da falta de efetividade das instâncias formais de controle, sendo necessário o fortalecimento das mesmas.[111]

O maior expoente desses movimentos é o denominado "*Law and Order Movement*", que sustenta os seguintes axiomas: (i) "*a pena se justifica como castigo e retribuição, no velho sentido, não devendo a expressão ser confundida com o que, hoje, denominamos retribuição jurídica; (ii) os chamados crimes atrozes devem ser punidos com penas severas e duradoura (morte e privação de liberdade longa); (iii) as penas privativas de liberdade impostas por crimes violentos hão de ser cumpridas em estabelecimentos prisionais de segurança máxima, devendo ser o condenado submetido a um excepcional regime de severidade, diverso daquele destinado aos demais condenados; (iv) a prisão provisória deve ter o seu espectro ampliado, de maneira a representar uma resposta imediata ao crime; (v) deve haver uma diminuição dos poderes de individualização do juiz e um menor controle judicial da execução, que, na hipótese, deverá ficar a cargo, quase que exclusivamente, das autoridades penitenciárias*"[112].

Na época em que foram elaborados, esses pressupostos teóricos do *Law and Order* tinham o intuito de dar uma resposta imediata ao aumento da criminalidade e às tensões sociais dos anos 80. Pretendiam, também, fazer um contraponto às correntes criminológicas das décadas de 60 e 70, com o objetivo de se fortalecer em decorrência do descrédito destas.

Essa preocupação de contrapor e substituir os postulados das teorias antecedentes fica mais evidente quando se compara o Law and Order e o labeling approach. Como já dito, uma das bases de sustentação da teoria do labeling approach é a ideia de que a intervenção estatal não soluciona o problema causado pelo crime, mas o piora. Isso porque a conduta tipifi-

---

[111] MOLINA. Antonio Garcia-Pablos de. Ob. cit. p. 682/690.
[112] ARAUJO JUNIOR, João Marcello de. Os grandes movimentos de política criminal do nosso tempo – aspectos. *Sistema penal para o 3º milênio*. Rio de Janeiro: Renavan, 1990. p. 70.

cada como delituosa não possui um desvalor em si mesmo, sendo sua criminalização uma escolha da sociedade para submeter pessoas a um ritual processual degradante, aplicando-lhe uma pena e o rótulo de criminoso, o que denigre a imagem que tem de si mesmo e o modo como a sociedade o enxerga, fatores que aumentam a tensão social e a criminalização secundária (reincidência).

Por sua vez, o *Law and Order*, ao propor a criminalização de diversas condutas e o encarceramento em massa da população, contrapõe diretamente os postulados da doutrina antecessora, passando a tratar o crime não como um rótulo aplicado, mas sim como um mal social, e a intervenção estatal como o meio necessário para trazer paz social e resolver o problema do delito. Com isso, o *Law and Order* tenta demonstrar o equívoco da teoria do *labeling approach*, responsabilizando-a pelo aumento na criminalidade e, ao mesmo tempo, se colocando como uma nova e eficaz alternativa.

A sobreposição do *Law and Order* com relação às teorias críticas se confirmou pelo desenvolvimento da *"Broken Windows Theory"*, que estruturou a sua aplicação prática. O principal pilar de sustentação desta teoria é a ideia de que a tolerância com os pequenos crimes cria na sociedade uma sensação de anomia, o que leva ao cometimento de crimes mais graves. Isto é, explicaram os autores metaforicamente, *"se uma janela de um prédio é quebrada e não é consertada, todas as demais janelas serão imediatamente quebradas"*[113].

Nas palavras de Sérgio Salomão Shecaira, *"os quatro principais elementos da teoria podem ser assim resumidos: (I) Ao lidar com a desordem e com pequenos desordeiros, a polícia fica mais bem informada e se põe em contato com os autores de crimes mais graves, prendendo também os mais perigosos; (II) a alta visibilidade das ações da polícia e de sua concentração em áreas caracterizadas pelo alto grau de desordem, protege os bons cidadãos e, ao mesmo tempo, emite mensagem para os maus e aqueles culpados de crimes menores no sentido de suas atitudes não serem toleradas; (III) os cidadãos começaram a retomar o controle sobre os espaços públicos, movendo-se para o centro dos esforços de manutenção da ordem e prevenção do crime; (IV) na medida em que os problemas relacionados à desordem e ao crime deixam de ser responsabilidade exclusiva da polícia e passam a envolver toda a comunidade, todos se mobilizam para enfrentar tais questões de uma forma mais integrada"*[114].

---

[113] Broken Windows: the Police and neighborhood safety. Atlantic Montly (Digital edition), mar., 1982, p.4. *apud*: SHECAIRA, Sérgio Salomão. *Criminologia*. 3 ed. São Paulo: Editora Revista dos Tribunais, 2011. p. 351.

[114] *Criminologia*. 3 ed. São Paulo: Editora Revista dos Tribunais, 2011. p. 351/352.

Também na broken windows theory é perceptível a preocupação de se contrapor aos princípios da criminologia crítica. Enquanto a teoria das janelas quebradas sustenta que os crimes de rua não podem ser tolerados, pois são a causa da desordem social que resulta na prática de crimes mais graves, os criminólogos radicais entendem que a criminalização das condutas praticadas pelas classes mais pobres tem o objetivo de perpetuar uma desigualdade de uma sociedade estruturada em classes.

Após a construção teórica dessa política criminal neoliberal, Nova York surgiu como o ambiente perfeito para a sua aplicação. Em decorrência do alto índice de criminalidade apontado pelas estatísticas oficiais[115], foi crescendo a insatisfação com a manutenção das antigas políticas criminais. Então, no ano de 1993, Rudolph Giuliani foi eleito prefeito da cidade e instituiu o que chamou de *guerra contra o crime*.

O programa que ficou conhecido por "tolerância zero" reuniu os aspectos principais da política criminal neoliberal, ou seja, a forte repressão contra qualquer manifestação de *incivilidade* – mesmo que não fosse crime – (*broken window theory*) e o endurecimento da punição aplicada aos crimes (*Law and Order*)[116].

Nesse período, *"as pequenas infrações do cotidiano passaram a ser coibidas. Lavadores de para-brisas foram perseguidos. Grafiteiros foram presos. Mendigos e sem tetos foram reprimidos. Alguns foram removidos das pontes, onde haviam fixado moradia, sendo mandados compulsoriamente para abrigos da prefeitura. A prática de pular roletas no metrô deixou de ser tolerada. A prostituição e a pornografia são enfaticamente reprimidas. Policiais ficavam perto de escolas para identificar alunos gazeteiros, sendo as informações levadas para os pais e direção da escola. Até mesmo*

---

[115] Com o intuito de justificar a necessidade de uma intervenção mais enérgica do Estado no combate ao crime, o *Law and order* reabilitou as estatísticas produzidas com base em números oficiais para demonstrar o crescente número de delitos praticados, aumentando o temor social com o intuito de contar com o apoio popular para a implementação de medidas penais extremas.

[116] É ilustrativo dessa política o pensamento do Embaixador dos Estados Unidos na França, Sr. Félix Rohatyn: *"somos detidos tanto por termos andado de metro sem título de transporte como por termos vendido marijuana à porta de uma escola. Um miligrama ou 200 gramas, é igual! Nenhuma circunstância atenuante, a liberdade do cidadão passa pelo respeito pela ordem. É ao mesmo tempo dissuasivo e pedagógico, simples e eficaz. Metemos na prisão os transgressores e depois interrogamo-los, com a idéia de que os pequenos delinqüentes conduzem, cedo ou tarde, aos grande..."*. Trecho transcrito por Georges Fenech, no livro Tolerância zero: acabar com a criminalidade e a violência urbana. (Portugal: Editorial inquérito, 2001. p. 18/19).

sentar-se na calçada passou a ser uma infração a ser reprimida pela polícia de Nova York. A política de 'guerra contra as drogas' ganha novos coloridos, com a exacerbação da repressão"[117].

Aliado a isso, o programa tolerância zero de Nova York também aumentou o efetivo policial, destinou mais recursos financeiros à segurança, avaliou periodicamente os policiais e ofereceu adicional de produtividade.

Não demorou muito para que estatísticas oficiais fossem divulgadas propalando amplamente a diminuição da criminalidade e o sucesso do programa tolerância zero, sem, contudo, esclarecer que o aludido decréscimo foi alcançado por motivos alheios à repressão pregada pelas teorias neoliberais[118].

A ilusão provocada pelo tolerância zero, no entanto, cativou definitivamente a população que estava aterrorizada com o alto número de delitos. E esse sentimento se estendeu ao ordenamento jurídico de outros países e passou a interferir também na atuação dos intervenientes no sistema penal, o que resultou no aumento do rigor da pena e de seu cumprimento provisório e definitivo, ao mesmo tempo em que foram sendo gradualmente restringidas as garantias processuais que, segundo a visão emergencial neoliberal, retardam a aplicação da pena.

Nessa esteira segue, por exemplo, a teoria do direito penal do inimigo, desenvolvida por Gunther Jakobs, para quem o Direito Penal deve prever medidas de prevenção à prática de atos futuros contra os inimigos do Estado, sob pena deste vir à pique[119]. De acordo com o autor, *"Con el nombre de 'enemigo' se designa a quien 'no sólo de una manera incidental en su actitud*

---

[117] SHECAIRA, Sérgio Salomão. *Criminologia*. 3 ed. São Paulo: Editora Revista dos Tribunais, 2011. p. 353/354.

[118] Sobre as razões da diminuição da criminalidade, ver item 3.2.1, *infra*. Já nesse momento, de maneira sintética, é possível antecipar a questão por meio dos ensinamentos de Sergio Salomão Shecaira. Segundo o autor, *"Essa política teria reduzido em larga escala os índices de criminalidade na cidade de Nova York"*, entretanto, *"Em realidade, não foi a repressão – um dos aspectos da política de tolerância zero – que permitiu a redução da criminalidade em Nova York, mas sim a associação de fatores econômicos favoráveis com a oferta de oportunidade às camadas marginais para uma integração social"* (*Criminologia*. 1 ed. São Paulo: Editora Revista dos Tribunais, 2004. p. 172/173). Entre os diversos fatores que contribuíram para a queda na criminalidade, podemos citar: recuperação econômica, queda do número de desempregados, diminuição do número de jovens, etc.

[119] JAKOBS, Gunther. Sobre la teoría del Derecho Penal del Enemigo. In: JAKOBS, Gunther; POLAINO NAVARRETE, Miguel; POLAINO-ORTS. Miguel. *Bien jurídico, vigencia de la norma y daño social*. Lima: ARA Editores, 2011. p. 44 e 53.

(...) en su forma de vida (...) o mediante su incorporación a una organización (...) se ha apartado en todo caso de manera duradera y, en ese sentido, no garantiza la mínima seguridad cognitiva del comportamiento personal, demostrado este déficit mediante su conducta propia"[120].

Para Jakobs, aos inimigos não devem ser aplicadas as mesmas regras do Direito Penal que regulam os cidadãos, pois lutam pela destruição da ordem jurídica e, consequentemente, *"um indivíduo que não admite ser obrigado a entrar em um estado de cidadania não pode participar dos benefícios do conceito de pessoa"*[121].

Assim, no combate aos crimes sexuais, econômicos, terrorismo e criminalidade organizada, exemplos citados por Jakobs[122], o Direito Penal do Inimigo *"se caracteriza por três elementos: em primeiro lugar, constata-se um amplo adiantamento da punibilidade, isto é, que neste âmbito, a perspectiva do ordenamento jurídico-penal é prospectiva (ponto de referência: o fato futuro), no lugar de – como é habitual – retrospectiva (ponto de referência). Em segundo lugar, as penas previstas são desproporcionalmente altas: especialmente, a antecipação da barreira da punição não é considerada para reduzir, correspondentemente, a pena cominada. Em terceiro lugar, determinadas garantias processuais são relativizadas ou inclusive suprimidas"*[123].

Por fim, ao exemplificar, na prática, o uso da teoria do Direito Penal do inimigo, Jakobs afirma que *"la base de Guantánamo se aproxima a un tipo prototípico"*[124].

Realmente, os atentados terroristas de 11 de setembro de 2001 contribuíram muito para a restrição de direitos e garantias processuais dos investigados, principalmente nos Estados Unidos. Sob o pretexto de coibir o terrorismo e o seu financiamento, aproveitando-se de uma sociedade ainda atemorizada pelos acontecimentos recentes, o governo americano promul-

---

[120] Idem. Ibidem. p. 45.
[121] JAKOBS. Gunther. Direito Penal do Cidadão e Direito Penal do Inimigo. In: CALLEGARI, André Luís; GIACOMOLLI, Nereu José (Orgs.). *Direito penal do Inimigo: Noções e críticas.* 2 ed. Porto Alegre: Livraria do Advogado, 2007. p. 36.
[122] Idem. Ibidem. p. 35.
[123] MELIÁ, Manuel Cancio. "Direito Penal" do inimigo?. In: CALLEGARI, André Luís; GIACOMOLLI, Nereu José (Orgs.). *Direito penal do Inimigo: Noções e críticas.* 2 ed. Porto Alegre: Livraria do Advogado, 2007. p. 67.
[124] JAKOBS. Gunther. Sobre la teoría del Derecho Penal del Enemigo. In: JAKOBS, Gunther; POLAINO NAVARRETE, Miguel; POLAINO-ORTS. Miguel. *Bien jurídico, vigencia de la norma y daño social.* Lima: ARA Editores, 2011. p. 47.

gou o USA PATRIOT ACT (Uniting and Strengthening America by Providing Appropriate Tools Required to Intercept and Obstruct Terrorism)[125], um conjunto de medidas que ampliaram o poder de investigação e de uso da força dos órgãos de controle americanos, restringindo, em contrapartida, os direitos dos cidadãos.

Com fundamento no ato patriota de 2001, os Estados Unidos iniciaram uma era de sucessivas violações aos direitos à liberdade, à intimidade, ao devido processo legal, bem como a tratados internacionais de preservação dos direitos humanos e contrários à prática de tortura.

Esse regresso no campo do direito do investigado contra o poder punitivo do Estado e os desrespeitos aos direitos básicos da pessoa humana foram amplamente divulgados e criticados por diversas organizações internacionais, como, por exemplo, a Human Rights Watch, que reportou: *"(...) the fight against terrorism launched by the United States after September 11 did not include a vigorous affirmation of those freedoms. Instead, the country has witnessed a persistent, deliberate, and unwarranted erosion of basic rights against abusive governmental power that are guaranteed by the U.S. Constitution and international human rights law. Most of those directly affected have been non-U.S. citizens. (...) the Department of Justice has subjected them to arbitrary detention, violated due process in legal proceedings against them, and run roughshod over the presumption of innocence"*[126].

Mesmo sem estar sob sua jurisdição, o Tribunal Europeu dos Direitos do Homem também já declarou que a prática pelo Governo Americano de atos como a tortura durante as investigações, a proibição de comunicação do preso com família e advogado e a prisão injustificada por tempo indeterminado, violam os termos da convenção Europeia dos Direitos do

---

[125] Disponível em: <http://www.gpo.gov/fdsys/pkg/PLAW-107publ56/pdf/PLAW-107publ56.pdf>, acesso em 1 de setembro de 2013.

[126] *United States, Presumption of Guilt: Human Rights Abuses of Post-September 11 Detainees*. Vol. 14, No. 4 (G) – August 2002. p. 3. Disponível em: <http://www.hrw.org/reports/2002/us911/USA0802.pdf>, acesso em 1 de setembro de 2013. No mesmo sentido, a Amnistia Internacional relatou: *"A number of suspected members of al-Qaeda reported to have been taken into US custody continued to be held in undisclosed locations. The US government failed to provide clarification on the whereabouts and legal status of those detained, or to provide them with their rights under international law, including the right to inform their families of their place of detention and the right of access to outside representatives. An unknown number of detainees originally in US custody were allegedly transferred to third countries, a situation which raised concern that the suspects might face torture during interrogation"* (*Amnesty International Report 2003 - United States of America, 28 May 2003*).

Homem, e, com base nisso, condenou a Macedônia pela entrega aos Estados Unidos de um cidadão alemão investigado por ter envolvimento com grupo terrorista, mesmo sabendo que ele teria seus direitos e garantias ignorados[127].

Ainda sob o pretexto de combate ao terrorismo, em abril de 2013, um Tribunal secreto dos Estados Unidos denominado *"Foreign Intelligence Surveillance Court"* deferiu pedido feito pelo FBI para ter acesso a diversos dados telefônicos de todos os consumidores e assinantes, indiscriminadamente, de uma das maiores operadoras de telefonia do país, pelo período de três meses[128]. Essa medida, ainda que não autorize num primeiro momento a divulgação e vinculação do nome da pessoa ao número de telefone, viola as garantias dos cidadãos, uma vez que todos, sem exceção, independentemente de serem investigado por algum delito, passam a ficar sob a constante vigilância do Estado[129].

Essa tendência global de endurecimento penal e a diminuição das garantias do investigado não ficaram alheias à legislação brasileira.

Como destacam André Luis Callegari e Cristina Reindollf Motta, vivencia-se no Brasil a *"a) incrementação da criminalização a partir da proliferação de bens jurídicos de natureza coletiva, intangíveis ou abstratos; b) criminalização de atos de mera conduta que presidem da efetiva lesão aos bens jurídicos tutelados; c)*

---

[127] CASE OF EL-MASRI v. THE FORMER YUGOSLAV REPUBLIC OF MACEDONIA. Application n. 39630/09, j. 13/12/2012.

[128] Nos termos da decisão: *"It is hereby ordered that, the Custodian of Records shall produce to de National Security Agency (NSA) upon service of this Order, and continue production on a ongoing daily basis thereafter for the duration of this Order, unless otherwise ordered by the Court, an electronic copy of the following tangible things: all call detail records or 'telephony metadata' created by Verizon for communications (i) between the United States and abroad; or (ii) wholly within the United States, including local telephone calls. (...). Telephony metadata includes comprehensive communications routing information, including but not limited to session identifying information (e.g., originating and terminating telephone number, International Mobile Subscriber Identity (IMSI) number, International Mobile station Equipment Identity (IMEI) number, etc.), trunk identifier, telephone calling card numbers, and time and duration of call. Telephony metadata does not include the substantive content of any communication, as defined by 18 U.S.C. 2510(8), or the name, address, or financial information of a subscriber or customer"*. (Disponível em: <http://www.theguardian.com/world/interactive/2013/jun/06/verizon-telephone-data-court-order>, acesso em: 03 de Setembro de 2013).

[129] Vale dizer que a "espionagem" feita pelos Estados Unidos não tem como alvo apenas os seus cidadãos, mas, aparentemente, também os governos e cidadãos dos países Europeus. Sobre isso, ver: <http://www.valor.com.br/internacional/3317598/espionagem-abala-seriamente--relacoes-entre-eua-e-europa-diz-merkel>, acesso em 25 de outubro de 2013.

antecipação da intervenção penal ao estágio prévio à efetiva lesão do bem jurídico, generalizando-se a punição de atos preparatórios, como, por exemplo, a associação criminosa d) ampliação da discricionariedade das autoridades policiais; e) aumento indiscriminado do limite de tempo da pena de prisão; f) alterações nas regras de imputação e no sistema de garantias penais e processuais, a partir da proliferação de tipos penais pouco precisos e de leis penais em branco, bem como da introdução da ideia de efetividade como princípio norteador do processo penal, ainda que à custa da flexibilização, senão da supressão, das garantias dos acusados"[130].

Exemplo disso é a Lei nº 8.072/90 que estabeleceu um rol de crimes taxados de hediondos, trazendo tratamento diferenciado e mais severo para esses delitos. De acordo com essa Lei, os crimes hediondos, de tortura, tráfico de drogas e terrorismo são inafiançáveis (art. 2º, II), insuscetíveis de anistia, graça e indulto (art. 2º, I), além de autorizarem a aplicação de prisão temporária com o prazo de 30 (trinta) dias, prorrogável pelo mesmo período (art. 2º, §4º), ao passo que para os demais delitos o limite é de 5 (cinco) dias, também prorrogáveis por mais um período igual (art. 2º, caput, da Lei nº 7.960/90). Da mesma forma, a execução penal dos condenados pelos aludidos crimes possui tratamento mais rígido, pois, a progressão de regime "*dar-se-á após o cumprimento de 2/5 (dois quintos) da pena, se o apenado for primário, e de 3/5 (três quintos), se reincidente*" (art. 2º, §2º da Lei nº 8.072/90), enquanto para todos os outros crimes a progressão se dá com o cumprimento de 1/6 (um sexto) da pena (art. 112 da Lei nº 7.210/84).

Também merecem destaque os dispositivos trazidos pela Lei nº 7.492/1986, repletos de tipos penais abertos "*não especificando claramente as condutas*"[131]. Ainda, os atuais dispositivos da Lei nº 11.705/2008, que trata da embriaguez ao volante e a nova disposição do artigo 306 do Código de Trânsito Brasileiro (Lei 9.503/1997) que "*prescreve exatamente um crime de perigo abstrato, pois o simples fato de estar sob a influência de álcool já caracteriza crime, sem a necessidade de que se esteja gerando perigo de dano, como se dava com a redação anterior. Ou seja, diante do risco iminente de mais acidentes e da forte*

---

[130] CALLEGARI, André Luís; MOTTA, Cristina Reindolff. Estado e política criminal: a expansão do Direito Penal como forma simbólica de controle social. In: CALLEGARI, André Luís (org). *Política Criminal, Estado e Democracia*. Rio de Janeiro: Lumen Juris, 2007. p. 20.
[131] CALLEGARI, André Luis; WEBBER, Suelen. O Mito do punir mais é melhor: reflexos da expansão do Direito Penal fomentada pela mídia. Disponível em: < http://www.ibccrim.org.br/artigo/10640-O-Mito-do-punir-mais-%C3%A9-melhor:-reflexos-da-expans%C3%A3o--do-Direito-Penal-fomentada-pela-m%C3%ADdia.>, acesso em 25.08.2014.

pressão midiática, transporta-se para o Direito Penal uma característica que deveria estar apenas no Direito Administrativo, qual seja, o perigo abstrato"[132].

Além disso, diversas leis se sucederam nas últimas duas décadas com a finalidade de alterar o preceito secundário de diversos artigos do Código Penal brasileiro, aumentando a pena abstratamente prevista para os delitos, podendo-se destacar a Lei nº 10.763/03, que aumentou o mínimo e o máximo da pena dos crimes de corrupção passiva e ativa.

Na esteira dessa política criminal de restrição de garantias dos cidadãos, a Lei nº 12.234/10 alterou o Código Penal brasileiro para proibir seja reconhecida a prescrição entre a data do fato e o recebimento da denúncia com base na pena aplicada e transitada em julgado para a acusação[133]. Ainda para atender à política internacional de combate aos crimes transnacionais, a Lei nº 9.613/98 tipificou o crime de lavagem de dinheiro, inicialmente prevendo um rol específico de crimes antecedentes, o qual foi abrangido indeterminadamente para todo e qualquer delito pela Lei nº 12.683/12.

Assim como no Brasil, alguns países europeus também cederam à pressão internacional para intensificar o combate aos crimes supranacionais, como, por exemplo, Portugal, ainda que com muito menor abrangência do que se verifica em outras legislações.

O reflexo do endurecimento penal é perceptível na Lei portuguesa nº 5/2002, de 11 de Janeiro, que estabeleceu medidas mais rígidas para o *"combate à criminalidade organizada e económico-financeira"*, estabelecendo *"um regime especial de recolha de prova, quebra do segredo profissional e perda de bens a favor do Estado"* (artigo 1.º, 1).

Nos termos da aludida Lei, na investigação de crimes como o tráfico de estupefacientes, de armas e de menores, terrorismo e branqueamento de capitais, cujos autores estão no rol de "inimigos" do Estado, possibilita-se o controle de qualquer conta bancária (artigo 4.º, 1) – não só a do suspeito ou arguido –, mesmo sem identificação do titular (artigo 2.º, 4), e a quebra de

---

[132] Idem. Ibidem.
[133] A doutrina majoritária entende ser inconstitucional essa alteração legislativa, sobre o tema ver: BOTTINI, Pierpaolo Cruz. Novas regras sobre prescrição retroativa: comentários breves à Lei 12.234/2010. In: *Boletim IBCCrim*. Jun. 2010. Ano 18, n. 211, p. 7; DOTTI, René Ariel. *A inconstitucionalidade da Lei n. 12.234/10*. Disponível em: http://www.migalhas.com.br/dePeso/16,MI110904,61044-A+inconstitucionalidade+da+lei+1223410+Final, acesso em 04.06.2014; BITENCOURT, Cezar Roberto. *Tratado de Direito Penal*: parte 1. 19 ed. São Paulo: Saraiva, 2013. p. 889.

sigilo profissional dos membros dos "*órgãos sociais das instituições de crédito, sociedades financeiras e instituições de pagamento, dos seus empregados e de pessoas que a elas prestem serviço, bem como o segredo dos funcionários da administração fiscal*" (artigo 2.º, 1), sob o vago pretexto de ser de "*interesse para a descoberta da verdade*".

Além disso, tais medidas não possuem prazo máximo de duração, ficando, no caso do controle de conta bancária, a critério do juiz a sua fixação (artigo 4.º, 3). Já no que tange à requisição de documentos aos órgãos sociais das instituições de créditos e sociedades financeiras e à administração fiscal, permite-se um pedido genérico "*quando a especificação não seja possível*" (artigo 2.º, 3).

Com relação ao registro de voz e de imagem, o artigo 6.º da Lei nº 5/2002, de 11 de Janeiro, permitiu ampliar as hipóteses de utilização deste meio de obtenção de prova, sujeitando-a apenas a três abrangentes requisitos: autorização judicial; investigação de um crime do rol previsto na Lei e necessidade do meio de obtenção de prova para a investigação.

A disciplina legal para os delitos elencados na menciona Lei diverge sensivelmente do que o Código de Processo Penal português prevê para a autorização de meios de prova que, da mesma forma como os acima citados, restringem direitos fundamentais. No caso das escutas telefônicas, por exemplo, o Código de Processo Penal prevê fixação de prazo de duração máximo, ainda que prorrogável, de 3 meses (artigo 187.º, 6), e a estrita limitação da sua autorização apenas contra *suspeito ou arguido; pessoa que sirva de intermediário, relativamente à qual haja fundadas razões para crer que recebe ou transmite mensagens destinadas ou provenientes de suspeito ou arguido; ou vítima de crime, mediante o respectivo consentimento, efectivo ou presumido* (artigo 187.º, 4, a), b) e c)), requisitos não aplicáveis aos crimes previstos no rol da Lei nº 5/2002, de 11 de Janeiro.

A diferença entre os limites para autorização de meios de obtenção de provas estabelecidos pelo Código de Processo Penal português e pela Lei nº 5/2002, de 11 de Janeiro, evidencia a influência do programa tolerância zero na legislação portuguesa, uma vez que, com relação aos crimes em que há uma política e pressão internacional para o combate, se "*ignora a existência de máxima contenção das limitações a direitos fundamentais como a reserva da vida privada (arts. 18.º e 25.º da Constituição) e reconduz o processo penal a um universo orwelliano onde todos são investigados*"[134].

---

[134] PEREIRA, Rui. A crise do processo penal. *Revista do Ministério Público de Lisboa*, Lisboa, v. 25, n. 97, jan./mar. 2004. p. 24. O autor faz a transcrita análise para criticar o antigo entendimento no sentido de que a escuta telefônica era possível contra qualquer pessoa, dúvida

Dessa forma, a partir do início da década de 80 do século passado, o sistema penal passou a ser influenciado por uma política criminal que, para tentar amenizar os problemas causados pelo aumento da criminalidade, burocracia e lentidão da justiça penal, passou a antecipar a aplicação das penas por meio de medidas cautelares, restringir garantias processuais do arguido para acelerar o processo, facilitar a obtenção de provas, aumentar o número de condutas criminalizadas para combater os crimes de rua e tentar transmitir uma pretensa sensação de segurança à população.

3.2. O Equívoco na solução do problema

Como sustentamos, a ascensão da taxa de criminalidade decorrente do maior número de condutas tipificadas como crime e do aumento da prática dos delitos de rua na década de 70, bem como a exigência de uma população atemorizada por uma rápida resposta ao problema causado pelo crime, escancaram os problemas de um sistema penal pouco efetivo, instrumentalizado por um processo penal burocrático e lento.

Aproveitando-se desse ambiente social, o *Law and Order* apresentou um modelo de medidas extremas com o intuito de acelerar a resposta do Estado ao crime. No entanto, como se passa a demonstrar, na prática, a adesão ao binômio penalização-antigarantismo se mostrou indevida para solucionar os problemas do sistema penal.

3.2.1. A crise da política criminal neoliberal

A contestação das teorias do *Law and Order* e do *Broken Window* começaram a surgir com a percepção da incapacidade delas em solucionar os problemas do sistema penal, principalmente nos Estados Unidos, local em que surgiram e foram implementadas com maior amplitude.

O primeiro ponto que se deve destacar é que a queda nas taxas de criminalidade não estava vinculada à repressão implementada pelas políticas criminais neoliberais. Como destaca Sérgio Salomão Shecaira, o decréscimo

---

que foi dirimida com a alteração legislativa promovida pela Lei nº 48/2007, de 29 de Agosto. No entanto, acredita-se ser pertinente o paralelo com a disciplina legal da Lei nº 5/2002, de 11 de Janeiro, pois esta continua a não limitar as pessoas sujeitas aos meios de obtenção de prova nela previstos.

na prática de delitos na década de noventa do último século estava relacionado com "*a queda acentuada do desemprego nesse período, em face de uma forte recuperação econômica; a estabilização e exaustão do mercado de crack; a diminuição no número de jovens, que normalmente constituem a maioria dos delinquentes*"[135].

Contrariando a existência de uma relação direta entre o endurecimento penal e a queda nas taxas de criminalidade, Neil Smith explica que "*There is no evidence that the new revanchism is a response to heightened crime or, at least in New York, that social cleansing strategies actually reduce crime. Violent crime peaked in New York City in 1990 and was already 20% below its peak in 1994, the year zero tolerance was implemented*"[136].

A ineficácia da política criminal implementada com base nos teóricos do realismo de direita foi reafirmada em razão da queda na criminalidade em cidades que não seguiram o modelo de "tolerância zero", como Boston, Chicago e San Diego. "*Enquanto Nova York propalava 'recorde' de quedas das taxas de criminalidade, da ordem de 70,6% entre os anos de 1991 e 1998, San Diego, implementando uma política de policiamento comunitário, teve queda de 76,4% na taxa de homicídios, no mesmo período*"[137].

Em segundo lugar, além de não trazerem benefícios no combate ao crime, os programas de "tolerância zero" passaram a ser muito criticados em razão das diversas violações aos direitos fundamentais dos cidadãos e das arbitrariedades praticadas pela polícia.

De acordo com o levantamento realizado pela National Urban League, considerando apenas o trabalho dos 380 membros da tropa de choque de Nova York, o total de 45 mil pessoas foram detidas no período de dois anos, sendo certo que "*mais de 37.000 dessas detenções se revelaram gratuitas e as acusações sobre metade das 8.000 restantes foram consideradas nulas e inválidas pelos tribunais, deixando um resíduo de apenas 4.000 detenções justificadas: uma em onze*"[138].

Da mesma forma, o número de prisões cresceu consideravelmente com a aplicação das políticas públicas do *broken window* e do *Law and Order*.

---

[135] *Criminologia*. 3 ed. São Paulo: Editora Revista dos Tribunais, 2011. p. 354.
[136] Global social cleansing: Postliberal revanchism and the export of zero tolerance. *Social Justice*, vol. 28, n.3, 2001. p.72. Disponível em: <http://findarticles.com/p/articles/mi_hb3427/is_3_28/ai_n28888957/?tag=content;col1> Acesso em: 15 de fevereiro de 2012.
[137] SHECAIRA, Sérgio Salomão. Ob. cit. 2011. p. 356.
[138] WACQUANT, Loïc. *As prisões da Miséria*. 1999. p. 23. Disponível em: <http://mijsgd.ds.iscte.pt/textos/Prisoes_da_Miseria_WACQUANT_Loic.pdf> Acesso em: 15 de fevereiro de 2012.

Um estudo sobre a população carcerária nos Estados Unidos revelou que entre os anos de 1987 e 2007 o índice de encarceramento praticamente triplicou[139] e atingiu, em 2008, o maior número de presos que se tem registro na história recente, um em cada 99,1 americanos adultos estava na cadeia, enquanto *"entre 1985 e 1995, a Áustria fez seu índice de encarceramento recuar em 29%, a Finlândia em 25% e a Alemanha em 6% (e isso desde antes da unificação)"*[140].

Considerando também os cidadãos adultos americanos que estão em *probation*[141] ou *parole*[142], o número de pessoas que estão submetidas, de alguma forma, a uma pena aplicada pelas instâncias formais de controle sobe para um em cada 31[143].

Desse grande envolvimento das pessoas com as instâncias formais de controle, decorre o terceiro problema das teorias de política criminal neoliberais, qual seja, a ampliação social dos efeitos da desviação secundária[144] e a sua estreita vinculação à reincidência.

Isso porque, da relação de uma pessoa não criminosa com a justiça penal poderá surgir *"uma espécie de subcultura delinquente facilitadora da imer-*

---

[139] One in 100: Behind Bars in America 2008. p. 5. Disponível em: < http://www.pewstates.org/uploadedFiles/PCS_Assets/2008/one%20in%20100.pdf> Acesso em: 03 de Outubro de 2013.
[140] WACQUANT, Loïc. Ob. cit. p. 98.
[141] De acordo com o Departamento de Justiça dos Estados Unidos, *"Probation refers to adult offenders whom courts place on supervision in the community through a probation agency, generally in lieu of incarceration"*. Disponível em: <http://www.bjs.gov/index.cfm?ty=qa&iid=324>, acesso em 25 de outubro de 2013.
[142] De acordo com o Departamento de Justiça dos Estados Unidos, *"Parole refers to criminal offenders who are conditionally released from prison to serve the remaining portion of their sentence in the community"*. Disponível em: <http://www.bjs.gov/index.cfm?ty=qa&iid=324>, acesso em 25 de outubro de 2013.
[143] One in 31: The Long Reach of American Corrections. Disponível em: http://www.pewstates.org/uploadedFiles/PCS_Assets/2009/PSPP_1in31_report_FINAL_WEB_3-26-09.pdf, acesso em 02 de Outubro de 2013.
[144] Desviação secundária foi o nome dado pela criminologia crítica para as sequelas que a intervenção penal deixa na pessoa em decorrência da reação social perante a pessoa taxada de criminosa. Em outras palavras, o que se pretende dizer com desviação secundária é que quando uma pessoa é tratada pelo Estado como criminosa, também passa a ser vista como tal pela sociedade, que a discrimina e a exclui. Essa degradação externa da sua imagem afeta também a ideia que a pessoa possui de si, de modo que, em pouco tempo, tanto a sociedade, como a própria pessoa passam a enxergá-la como criminosa. (SHECAIRA, Sérgio Salomão. Ob. cit. 2004. p. 297/298).

são do agente em um processo em espiral que traga o desviante cada vez mais para a reincidência"[145].

Assim, se a taxa de reincidência não cair ao mesmo tempo em que se aumenta o número de pessoas presas, ao final, a atuação ampla do sistema penal acaba criando mais criminalidade, ao invés de solucioná-la. Isso porque, se é maior o número de pessoas presas e a taxa de reincidência permanece inalterada, em pouco tempo também será maior o número de reincidentes, agravando ainda mais o medo e a insegurança da sociedade.

No caso americano foi justamente o que aconteceu. A taxa de reincidência não diminuiu de 1983 para 1994[146], pelo contrário, aumentou de 62,5%[147] para 67,5%[148], ao passo que, no mesmo período, a população carcerária mais do que dobrou (de 223,551 mil para 490,442 mil[149]).

Em números absolutos, dos 108,580 mil presos liberados dos presídios americanos em 1983, 67,898 mil voltaram a delinquir em até três anos[150]. Já em 1994, dos 272,111 mil pesos liberados, 183,675 mil praticaram novos crimes[151].

No Brasil, estudo produzido pelo Instituto Latino Americano das Nações Unidas para Prevenção do delito e o tratamento do Delinquente (Ilanud), com o fim de avaliar a eficácia da Lei nº 8.072/90 (contra os crimes hediondos) como política criminal, concluiu que sua implementação não trouxe reflexos positivos nos índices de criminalidade dos delitos classificados como hediondos. No Estado do Rio de Janeiro, por exemplo, nos anos de 1998 e 1999 o crime de estupro apresentou sensível incremento, o mesmo ocorrendo com o crime de latrocínio nos anos de 1991 a 1995 e

---

[145] Idem. Ibidem. p. 298.
[146] A taxa de reincidência é obtida da seguinte maneira: das pessoas liberadas em 1983 e 1994, após 3 anos, verifica-se quantas delas voltaram a delinquir.
[147] Dado do Departamento de Justiça dos Estados Unidos. Disponível em: <http://www.bjs.gov/content/pub/pdf/rpr83.pdf>, acesso em 02 de Outubro de 2013.
[148] Dado do Departamento de Justiça dos Estados Unidos. Disponível em: <http://www.bjs.gov/content/pub/pdf/rpr94.pdf>, acesso em: 02 de Outubro de 2012.
[149] Dados do Departamento de Justiça dos Estados Unidos. De acordo com o relatório, *"The number of jail inmates per 100,000 U.S. residents increased from 96 in 1983 to 188 in 1994"*. Disponível em: <http://www.bjs.gov/content/pub/pdf/jaji93.pdf>, acesso em: 02 de Outubro de 2013.
[150] Dado do Departamento de Justiça dos Estados Unidos. Disponível em: <http://www.bjs.gov/content/pub/pdf/rpr83.pdf>, acesso em 02 de Outubro de 2013.
[151] Dado do Departamento de Justiça dos Estados Unidos. Disponível em: <http://www.bjs.gov/content/pub/pdf/rpr94.pdf>, acesso em: 02 de Outubro de 2012.

de 2000 e 2003. Em São Paulo, por seu turno, praticamente em todo o período avaliado, o índice de latrocínio manteve-se acima da média dos anos que antecederam a aludida Lei. No crime de tráfico, a pesquisa pontuou *"que não há nenhuma correspondência entre o que foi projetado e a realidade. Os índices foram quase que o tempo todo crescentes, enquanto a projeção indicava uma tendência declinante"*[152].

Além disso, o estudo apontou que a Lei colaborou para agravar o problema da superpopulação carcerária[153]. Segundo dados oficiais do governo brasileiro, em 1992, logo após a promulgação da Lei dos crimes hediondos, a população carcerária era de 114.337 mil pessoas[154], já em 2014 o número cresceu para 563.526 mil pessoas dentro de estabelecimentos prisionais e mais 147.937 mil em prisão domiciliar, totalizando 711.463 mil pessoas[155], um crescimento de aproximadamente 622%, que levou o Brasil a ter a terceira maior população prisional do mundo[156].

A situação se agrava ainda mais considerando a elevada taxa de reincidência que, de acordo com os dados da Secretaria de Segurança Pública do Estado de São Paulo para casos de roubo, é de 69%[157].

Nessa linha, Alberto Silva Franco, em sua obra acerca da lei dos crimes hediondos, pondera que *"leis pesadamente punitivas (...) acarretam um aumento enorme da taxa de encarceramento. O número de presos sofre um acréscimo numa proporção que não tem condições de ser adequada à quantidade de vagas. Isso significa a existência de um caótico sistema prisional em que os condenados são aglomerados como "sardinhas em lata", em total desrespeito à dignidade da pessoa humana e são devolvidos, após um processo de dessocialização, ao meio livre para que, logo em seguida, voltem ao próprio sistema, em razão da prática de novos delitos. As taxas*

---

[152] Ilanud/Brasil (2006). A lei dos crimes hediondos como instrumento de política criminal. In: *Revista Ultima Ratio*, Lumen Juris, nº 0. p. 51.
[153] Idem. Ibidem. p. 03-72.
[154] Disponível em: <http://www.mpba.mp.br/atuacao/ceosp/pesquisa/PESQUISA_LFG_SISTEMA_PENITENCIARIO.pdf>, acesso em 29 de agosto de 2014.
[155] Disponível em: <http://www.cnj.jus.br/images/imprensa/diagnostico_de_pessoas_presas_correcao.pdf>, acesso em 29 de agosto de 2014.
[156] Idem.
[157] Disponível em: <http://sao-paulo.estadao.com.br/noticias/geral,de-cada-10-assaltantes-7--voltam-a-roubar-no-estado-e-41-sao-menores,1123132>, acesso em 29 de agosto de 2014.

de reincidência retratam o movimento repetitivo e cansativo de uma roda gigante: crime – sistema prisional – dessocialização – crime"[158].

Desse modo, começou-se a perceber que o endurecimento penal e a maior intervenção do Estado no combate ao crime não era a resposta adequada para o problema criminal, haja vista que não diminuía a criminalidade – muito pelo contrário – e, ainda, dava aos órgãos de controle estatais demasiado poder, o que, em parte das vezes, resultava em abuso contra os cidadãos, principalmente contra as minorias.

E nesse ponto emerge mais um dos problemas do *Law and Order*, qual seja, o agravamento da seletividade do sistema penal. Percebeu-se que a polícia optava por deter "*jovens representantes de minorias, especialmente negros, latinos e imigrantes*"[159], o que revelou a prática do "*race profiling*" pelo Departamento de Polícia de Nova York, isto é, a eleição dos suspeitos pelas minorias.

O índice de encarceramento das minorias nos Estados Unidos era muito superior ao das maiorias. De acordo com os números divulgados em junho de 2007 pelo Departamento de Justiça americano no estudo "Prison and Jail Inmates at Midyear 2006" [160], enquanto um em cada quinze homens negros com mais de 18 anos[161] e um em cada 36 homens hispânicos com mais de 18 anos estavam presos, apenas[162] um em cada 106 homens brancos nessa faixa etária estava preso.

Esse procedimento do "*race profiling*" resultou em inúmeros incidentes com a polícia de Nova York, cuja brutalidade chegou ao ápice com "*assassinato, em janeiro de 1999, de Amadou Oiallo, um jovem imigrante da Guiné de 22 anos abatido por 41 balas de revólver (das quais 19 acertaram o alvo) por quatro policiais membros da "Unidade de Luta contra os Crimes de Rua" que perseguiam*

---

[158] FRANCO, Alberto Silva. *Crimes hediondos: anotação sistemática à Lei nº 8.072/90*. 4. ed. São Paulo: Revista dos Tribunais, 2000. p. 501.

[159] SHECAIRA, Sérgio Salomão. *Criminologia*. 3 ed. São Paulo: Editora Revista dos Tribunais, 2011. p. 355.

[160] One in 100: Behind Bars in America 2008. p. 6. Disponível em: < http://www.pewstates.org/uploadedFiles/PCS_Assets/2008/one%20in%20100.pdf> Acesso em: 03 de Outubro de 2013.

[161] Se considerarmos somente os homens negros na faixa etária de 20 a 34 anos, o índice de encarceramento sobe para um em cada nove.

[162] Apesar de muito menor quando comparado aos negros, o índice de encarceramento ainda é muito elevado.

um suposto estuprador, ao passo que ele estava tranqüilo, sozinho, na portaria de seu prédio"[163].

Portanto, após um inicial e aparente sentimento de segurança decorrente da rápida e ampla intervenção penal promovida pelo Law and Order, com o passar do tempo, a população passou a perceber que o mecanismo penalização-antigarantismo possui mais prejuízos do que benefícios, uma vez que não consegue recuperar as pessoas, diminuir a criminalidade, pauta-se pela seleção social do sistema penal e possibilita a prática de abusos pelas autoridades do Estado contra os cidadãos.

Em conclusão, na prática, a política criminal neoliberal fracassou na sua tentativa de solucionar a crise do sistema penal pelas seguintes razões: (i) a queda nas taxas de criminalidade não está vinculada à repressão; (ii) a maior submissão de pessoas às instâncias formais de controle aumentam os efeitos negativos da desviação secundária, gerando reincidência; (iii) a diminuição das garantias fundamentais resulta em abusos contra a população; (iv) a incriminação de incivilidades aumenta a seleção social do sistema penal.

3.2.2. As falhas teóricas do *Law and Order* e suas consequências: a substituição da efetividade pela eficiência do sistema penal

Os problemas práticos decorrentes da aplicação do *Law and Order* começaram a evidenciar as falhas teóricas desse modelo proposto para solucionar os problemas do sistema penal.

Muito embora as políticas criminais derivadas do *Law and Order* tenham visado, desde sempre, a *eficiência* dos meios para a solução do crime – diminuindo as barreiras para se chegar mais rápido à condenação ou, até mesmo, antecipando cautelarmente a punição –, ao invés da *efetividade* do sistema penal – a ressocialização do criminoso, a diminuição da reincidência, a manutenção das garantias e dos direitos da pessoa –, os problemas decorrentes dessa escolha ficaram escamoteados pelo inicial e aparente sucesso do modelo proposto.

Isso porque, como já dito, não se pode negar que as medidas extremas adotadas pelas teorias neoliberais de combate ao crime, por um período, conseguiram transmitir à sociedade uma sensação de segurança e de fun-

---

[163] WACQUANT, Loïc. Ob. cit. p. 22.

cionamento da justiça penal. O elevado número de prisões cautelares induzia à conclusão equivocada de uma rápida condenação, a aplicação de penas altas e a diminuição da discricionariedade do juiz de execução (o delinquente deve ser encarcerado, não há preocupação com a sua ressocialização) atendiam ao clamor por punição e a restrição de garantias processuais desburocratizou e acelerou o procedimento.

No entanto, com o passar do tempo, a política do *tolerância zero* mostrou os problemas da substituição da efetividade do sistema penal pela sua eficiência. E é exatamente na troca da efetividade pela eficiência que entendemos residir o equívoco teórico do modelo de reação ao delito derivado do *Law and Order*.

Como explica Jacinto Nelson de Miranda Coutinho, sustentar a eficiência no lugar da efetividade *"poderia, claro, ser uma simples troca de palavras, mas não é. Aliada ao tempo, eficiência pode ser sinônimo de exclusão (...), carimbada pela supressão de direitos e/ou garantias, mormente constitucionais ou, pelo menos, pela redução dos seus raios de alcance"* [164].

E, de fato, com o tempo, a reiterada aplicação prática do *Law and Order* criou um enorme contingente de pessoas excluídas em razão da falta de oportunidade de reinserção social após o período de encarceramento, até porque esta nunca foi uma preocupação desse modelo de política criminal. Assim, as muitas pessoas presas cautelarmente, ou não, começaram a ser liberadas e voltavam a delinquir[165]. Paralelamente, as cadeias estavam abarrotadas de jovens, projetando uma alarmante perspectiva para o futuro[166], qual seja, o crescimento no número de excluídos e, consequentemente, das tensões sociais.

---

[164] COUTINHO, Jacinto Nelson de Miranda. Efetividade do processo penal e golpe de cena: um problema às reformas processuais no Brasil. In: *Boletim da Faculdade de Direito*. V. 78. Coimbra: Coimbra, 2002. p. 694/696.

[165] Em estudo realizado pelo Departamento de Justiça dos Estados Unidos em 2002 levando em consideração os presos soltos em 1994, verificou-se que em até 3 anos 67,5% deles voltaram a delinquir (Disponível em: <http://www.bjs.gov/content/pub/pdf/rpr94.pdf>, acesso em: 02 de Outubro de 2013)

[166] De acordo com os números divulgados em junho de 2007 pelo Departamento de Justiça americano no estudo *"Prison and Jail Inmates at Midyear 2006"*, um em cada 53 americanos entre 20 e 29 anos estavam presos em 2006, entre os negros da mesma faixa etária, os números são mais alarmantes, um em cada 17. (In: One in 100: Behind Bars in America 2008. p. 34. Disponível em: < http://www.pewstates.org/uploadedFiles/PCS_Assets/2008/one%20in%20 100.pdf> Acesso em: 03 de Outubro de 2013).

Essa realidade revelou que as muitas prisões e restrições do *Law and Order* trazem apenas uma irreal e transitória solução para os problemas do sistema penal, pois, ao focar tão somente nos meios e não nos fins do direito e do processo penal, não se consegue diminuir a taxa de criminalidade, a reincidência, recuperar o criminoso e, por conseguinte, a longo prazo, também não soluciona o temor social acerca do crime e da violência.

Assim, o binômio penalização-antigarantismo que sustenta o *Law and Order* – e foi, por um período, a razão do seu sucesso e apoio popular – é, paradoxalmente, também a razão do seu descrédito. Isso porque, com o passar do tempo, resulta no aprofundamento dos problemas do sistema penal, uma vez que, não só restringe as garantias pessoais dos cidadãos e possibilita a prática de abusos por parte dos representantes do Estado, como também é ineficaz na diminuição das tensões sociais e na solução dos problemas reflexos do encarceramento em massa da população.

É importante destacar que a substituição da eficiência pela efetividade não se verificou apenas na política criminal desenvolvida pelos governantes do Estado, mas também na atividade legislativa e na atuação dos sujeitos processuais, agravando consideravelmente a crise do sistema penal.

Na tentativa de responder aos anseios sociais, o legislador emana leis penais a um ritmo quase mensal e sem sentido sistemático[167], o que resulta em *"incontável número de leis, pouco Direito e certamente muita injustiça"*[168]. Além disso, não são raras as oportunidades em que o legislador, para atender a urgente vontade popular, elabora normas penais sem o devido apuro técnico, pouco claras e de difícil compreensão[169].

Ao tratar do reflexo negativo da elaboração de leis ruins no sistema penal, Winfried Hassemer ressalta que *"las modificaciones normativas sorpresivas, frecuentes y no espetaculares transmiten la sensación de inestabilidad e irritación"* [170].

---

[167] COSTA, Domingos Barroso. Da Modernidade à pós-modernidade, do positivismo ao pós-positivismo: sobre a exposição da crise de legitimidade do sistema penal brasileiro pelas transformações da sociedade e do direito. In: *Revista Brasileira de Ciências Criminais*, São Paulo, v. 20, n. 94, jan/fev 2012. p. 324.

[168] BULGARELLI, Waldirilio. *Questões atuais de direito empresarial*. São Paulo: Malheiros, 1995. p. 13.

[169] Idem. *Problemas do direito brasileiro atual*. Rio de Janeiro: Renovar, 1998. p. 15.

[170] *Crítica al derecho penal de hoy* (trad. Patricia S. Ziffer). 2. Ed. Buenos Aires: Ad-Hoc, 2003. p. 18.

O fenômeno é universal[171], mas mais visível e prejudicial em alguns países. É o caso do Brasil, cuja Constituição Federal já foi alterada 83 vezes em 16 anos, assim como o Código Penal, modificado 66 vezes desde a sua promulgação em 1940, e o Código Penal com 50 transformações desde 1941. Portugal não é diferente, já que o Código de Processo Penal já foi alterado 24 vezes em 26 anos; o mesmo ocorrendo com o Código Penal que, desde o DL n.º 48/95, de 15 de Março, sofreu 29 alterações.

Tratando especificamente da parte especial do Código Penal brasileiro, Luiz Luisi ressalta que "*foi acrescido por uma série vultuosa de leis que preveem novos tipos penais, em sua maioria totalmente desnecessários e em desacordo com as reais injunções, e outros elaborados de modo a comprometer a seriedade da nossa legislação penal, chegando em alguns casos a conotações paradoxais e hilariantes*"[172].

Essas alternâncias constantes da legislação com a elaboração de normas desconexas, emanadas exclusivamente para atender os anseios populares, despidos de técnica jurídica, contribuem muito para a derrocada do sistema penal, pois, "*em um ordenamento em que milhares de condutas são incriminadas, verifica-se a completa impossibilidade de se cumprir a promessa de prevenção e punição atribuída ao Direito Penal*"[173].

E mais: a impossibilidade prática de se investigar todas as condutas que infringem a lei penal resulta em uma maior seletividade por parte dos órgãos de controle, os quais passam a optar discricionariamente por punir uma conduta e não outra, aumentando a insegurança social e a crise de todo o sistema penal que, de tão abrangente, torna-se inexecutável.

Da mesma forma, no nosso ver, a atuação dos sujeitos processuais contribui sensivelmente para a agravação da crise instaurada no sistema criminal atual. Os magistrados comumente não se atentam aos princípios constitucionais que limitam a aplicação das normas penais[174]. As denúncias, por

---

[171] FERREIRA FILHO, Manoel Gonçalves. *Do Processo Legislativo*. São Paulo: Saraiva, 1968. p. 11.
[172] LUISI, Luiz. *Os princípios constitucionais penais*. 2. ed. Porto Alegre: Sergio Antonio Fabris, 2002. p. 43.
[173] COSTA, Domingos Barroso. Ob. cit.. p. 338.
[174] PEREIRA, Rui. A crise do processo penal. In: *Revista do Ministério Público de Lisboa*, Lisboa, v. 25, n. 97, jan./mar. 2004. p. 18.

vezes, são deliberadamente excessivas[175]. Por seu turno, com frequência, os advogados se utilizam de expedientes exclusivamente protelatórios[176].[177]

Ainda, entendemos que a relação existente entre os sujeitos processuais, nos moldes em que se constrói hoje, é extremamente prejudicial para o bom desenvolvimento do sistema jurídico-penal. Isso porque, se por um lado, o Ministério Público e advogados protagonizam um duelo midiático, por outro, *"o juiz de instrução, guardião dos direitos, liberdades e garantias, (...) da Constituição, transforma-se com frequência num parceiro do Ministério Público"*[178].

A atuação de maneira extremamente securitária da Polícia Criminal também contribui para a falência do sistema penal, pois visa exclusivamente a repressão ao crime, deixando, muitas vezes, de observar com rigor os limites legais que regulam o seu exercício profissional e que estabelecem as garantias dos arguidos[179].

Em relatório publicado em 2013 sobre o Brasil, a Anistia Internacional apontou para o alto índice de homicídios praticados por policiais militares, ressaltando que há *"evidências de que esses casos envolviam o uso de força excessiva e de que, possivelmente, seriam execuções extrajudiciais"*. Além disso, salientou que *"membros da polícia continuaram envolvidos com atividades corruptas e criminosas"* e integrando *"as milícias (grupos criminosos formados, em parte, por agentes da lei ainda ativos ou que já deixaram a função)"*[180]

Com relação a Portugal, o relatório da Amnistia Internacional de 2013 verificou a violação dos direitos humanos por parte da polícia portuguesa,

---

[175] Nas palavras de Jorge de Figueiredo Dias, entre os "sintomas da crise avassaladora que em Portugal desabou sobre o processo penal" está a "multiplicação ad nauseam e artificial do número de crimes em concurso imputados ao mesmo arguido, pelo mesmo facto da vila, pelo ministério público e/ou assistente" (*Acordos sobre a sentença em processo penal: o fim do Estado de Direito ou um novo "princípio"?* Porto: Conselho Distrital do Porto da Ordem dos Advogados, 2011. p. 26).

[176] PEREIRA, Rui. Ob. cit. p. 18

[177] Conforme Jorge de Figueiredo Dias, o ordenamento jurídico vigente *"parece admitir, ou pelo menos ser capaz de impedir, formas insuportáveis de atuação dos sujeitos processuais: desde a complexidade inútil ou desnecessária (e quantas vezes contraproducentes) dos procedimentos e diligências, até delongas, desleixos e abusos ou mesmo chicanas inqualificáveis no exercício dos direitos processuais"* (*Acordos sobre a sentença em processo penal: o fim do Estado de Direito ou um novo "princípio"?* Porto: Conselho Distrital do Porto da Ordem dos Advogados, 2011. p. 14/15).

[178] PEREIRA, Rui. Ob. cit. p. 18/20.

[179] Idem. Ibidem. p. 18.

[180] Disponível em: <http://www.amnesty.org/en/node/39901>, acesso em 25 de agosto de 2014.

seja em razão da demora na conclusão de investigações que apuram tortura e outros maus-tratos, seja porque "*a polícia teria usado força excessiva contra manifestantes pacíficos durante os protestos contra as medidas de austeridade*"[181].

Ademais, ainda que a atuação em separado de cada interveniente já seja prejudicial para o sistema penal, a atuação conjunta e ordenada entre eles, pautada numa relação de confiança mútua, principalmente entre aqueles que integram o aparato estatal, é que representa o maior problema na realização da justiça penal.

O único órgão que tem uma visão mais próxima dos fatos acontecidos é a polícia, justamente o menos confiável, com menores salários e mais suscetível à corrupção, que busca, na maioria das vezes, produzir prova para a condenação, não para a reprodução do acontecido e, muitas vezes, o faz de maneira ilegal. O Ministério Público e o juiz se limitam a ter contado com o papel – desumanização da justiça – e, em menor escala, com as testemunhas e o arguido, os quais normalmente são ouvidos por determinação legal, não por interesse em se saber o que vão dizer, afinal, já está tudo nos autos. Assim, em geral, a não ser que algo muito extraordinário aconteça em audiência, os magistrados confiam muito mais no papel produzido pela autoridade policial do que no acusado, mesmo sabendo que irregularidades acontecem com frequência, mas partem do pressuposto não legal de que, normalmente, todos os arguidos são culpados, para desacreditá-los. A não participação da vítima dificulta ainda mais a descoberta do que de fato aconteceu. Sem a participação efetiva da vítima e do ofensor o processo se distância muito da verdade e se aproxima da convicção, em geral condenatória, da polícia. Assim, ao final, na maioria das vezes, a pessoa é condenada com base naquilo que a polícia apurou, sem a participação da defesa, do Ministério Público, do juiz, do arguido ou da vítima.

Tudo isso faz parte do que Alan Dershowitz definiu como *as treze regras do jogo da justiça criminal*[182]. Segundo o autor, juiz, Ministério Público e defesa partem do pressuposto de que a maioria dos arguidos é culpada (regras I e II). Da mesma forma, todos sabem que muitos policiais mentem e violam a Constituição para buscar a condenação do arguido (regras IV e V), em alguns casos, instruídos implicitamente pelo Ministério Público (regra VI). No entanto, os juízes normalmente não acreditam no arguido

---

[181] http://www.amnesty.org/pt-br/region/portugal/report-2013#section-40-3. Acesso em 17 de junho de 2013.
[182] *Letters to a Young Lawyer*. New York: Basic Books, 2005. p. 80/81.

com relação às violações dos seus direitos (regra X) e, mesmo sabendo que os policias procederam de maneira ilegal durante as investigações e mentiram sobre isso (regras V e VII), fingem acreditar neles (regra VIII). Por sua vez, os Tribunais recursais também sabem de tudo isso, mas também preferem acreditar nas mentiras dos juízes, que fingiram acreditar nos policiais (IX). Ao final, resume Dershowitz, no jogo da justiça criminal, *"nobody really wants justice"* (regra XIII).

Fazendo um relato parecido acerca do funcionamento da justiça portuguesa, Rui Pereira, membro do Conselho Superior do Ministério Público relata o que chama de *dominó punitivo*: *"Funciona assim o referido dominó: ao abrigo de uma delegação genérica, é um órgão de polícia criminal que constitui alguém como arguido e realiza todos os atos do inquérito; alheado da investigação, o Ministério Público tenderá a concordar com todos os meios de obtenção de prova e com todas as medidas de coação ou garantia patrimonial que lhe forem propostas; o juiz, igualmente estranho ao inquérito, deferirá o que lhe for requerido e, no caso de crime grave (crime doloso punível com pena de prisão superior a três anos), aplicará a prisão preventiva; fundando-se a prisão preventiva na existência de fortes indícios, o Ministério Público deduzirá acusação, para a qual se requer a verificação de indícios suficientes (aqueles que ilustram uma probabilidade predominante de condenação); requerida a instrução pelo arguido, o juiz é 'convidado' a pronunciá-lo, uma vez que o despacho de pronúncia concordante com a acusação é irrecorrível (ao contrário do que se sucede sempre com o despacho de* não *pronúncia) e poderá apaziguar as suas dúvidas pensando que fica adiada para a fase de julgamento a avaliação definitiva da responsabilidade; o juiz do julgamento, ciente de que já houve despachos de vários magistrados que consideraram haver indícios fortes ou suficientes (aplicação e manutenção da prisão preventiva, acusação e pronúncia), poderá presumir culpado o arguido, invertendo o princípio da presunção de inocência"*[183].

Esse *jogo da justiça criminal* ou *dominó punitivo* é resultado da organização burocrática e da centralização do sistema penal (capítulo 1, *supra*) aliado à eficiência pregada pelas políticas criminais neoliberais.

A burocracia da organização judiciária separa a atuação dos órgãos públicos por etapas, já a centralização e o monopólio do poder de punir nas mãos do Estado afastam os diretamente envolvidos no crime da resolução do conflito. Por sua vez, a eficiência difundida pelo *Law and Order*, que

---

[183] Ob. cit. p. 22.

afetou inclusive os sujeitos processuais, faz com que o processo se torne apenas uma burocracia a ser seguida para a rápida condenação do arguido.

O resultado dessa conjunção de fatores faz com que a solução para o problema criminal seja apresentada por um juiz que não teve qualquer contato com os fatos e feita com base em relatos de terceiros (policiais, Ministério Público e advogados) que também não participaram das ações sob julgamento. Além disso, não raro as decisões são proferidas com fundamento em provas produzidas, muitas vezes, de maneira ilegal, em detrimento das garantias Constitucionais. Esses pontos aliados distanciam a resposta penal apresentada no caso daquilo que seria correto para a hipótese fática, afastando o sistema penal da realização da justiça, o que, consequentemente, transmite ainda mais insegurança à sociedade e agrava a crise da justiça criminal.

Assim, além de não ter sido hábil no atendimento da exigência social por uma justiça criminal simultaneamente célere e capaz de resolver as tensões causadas pelo delito, o *Law and Order* disseminou seus aspectos negativos por todos os elementos que constituem o aparelho repressor estatal[184], passando pelos sujeitos que interferem de algum modo na sua construção e execução, nomeadamente os professores de direito, os jornalistas, os órgãos de polícia criminal, o legislador, os juízes, promotores e advogados[185].

Dessa forma, a crise do sistema penal verificada já em meados da década de setenta, em razão da incompatibilidade que há entre a sua estrutura e legitimação e os anseios e exigência da sociedade pós-moderna, se agravou ainda mais com a substituição da efetividade pela eficiência no processo penal e o reflexo disso na atuação de todos os órgãos e sujeitos que integram o sistema criminal.

Por isso, nos dias de hoje, entendemos não ser mais suficiente a readequação das estruturas do sistema penal para que sejam menos burocráticas e lentas, pois essas medidas não solucionariam os problemas adicionais trazidos pelo *Law and Order*, especificamente a supressão de garantias pro-

---

[184] Para Eugenio Raúl Zaffaroni, o sistema penal institucionalizado é composto por legislador, polícia, juízes, promotores, o executivo, os funcionários da execução penal e o público (ZAFFARONI, Eugenio Raúl; PIERANGELI, José Henrique. *Manual de Direito Penal Brasileiro*. Parte Geral. 9 ed. São Paulo: Revista dos Tribunais, 2011. p. 69/70)

[185] PEREIRA, Rui. Ob. cit. p. 17.

cessuais, a multiplicação das leis penais e a despreocupação com a socialização do delinquente.

Assim, a nosso ver, qualquer proposta que busque amenizar a crise do sistema penal deve, primeiro, tentar reverter as consequências geradas pela influência neoliberal no sistema penal, para, posteriormente, buscar reestruturar o modelo jurídico-penal vigente por meio de uma indispensável *"reflexão problematizadora do funcionamento das instâncias formais de controlo"*, questionando *"a relevância da actuação da polícia, do ministério público, dos tribunais, da administração penitenciária"*[186].

---

[186] SANTOS, Cláudia Maria Cruz. *O crime do colarinho branco (Da origem do conceito e sua relevância criminológica à questão da desigualdade na administração da justiça penal)*. Dissertação (mestrado). Coimbra, 1999. p. 202.

4. CONSENSO NO PROCESSO PENAL

Pelo que foi abordado até agora, concluiu-se que o Estado *roubou* o conflito penal das partes ao assumir o protagonismo na resolução dos problemas causados pelo crime, o que fez com o objetivo de manter o controle social por meio do uso da força.

Para legitimar a submissão dos cidadãos ao poder de punir estatal, criou-se a ilusão de que o ordenamento jurídico é justo e expressão da exata vontade social, de modo que, ao penalizar alguém, o Estado está agindo em favor da sociedade para reestabelecer a ordem.

A sustentação da ilusão da existência de um conjunto coeso de leis perfeitas implicou na necessidade de evitar a interpretação contraditória dos seus conteúdos normativos. Assim, criou-se um sistema jurídico burocratizado e lento que centralizou a decisão final acerca da interpretação da lei em um órgão hierarquicamente superior aos demais.

No entanto, as mudanças políticas, econômicas e sociais, das últimas três décadas do século XX, denominadas conjuntamente de globalização, alteraram a maneira das pessoas interagirem com o mundo externo, formando uma sociedade imediatista.

Criou-se, portanto, uma incompatibilidade entre a burocracia do sistema jurídico e a exigência social por maior celeridade na resolução dos problemas. Aliado a isso, o crescimento da taxa de criminalidade e da disseminação do medo pela sociedade transmitiu à população a sensação de que a justiça penal é incapaz de dar uma resposta adequada ao problema causado pelo crime.

A tentativa de solucionar a lentidão do sistema penal para atender aos anseios sociais foi feita pelo gradual endurecimento da lei penal, com a punição de condutas com pequeno desvalor, diminuição das garantias processuais dos cidadãos, ampliação das prisões preventivas e imposição de pena apenas com caráter punitivo.

Apesar do aparente sucesso inicial, a tentativa fracassou. A diminuição das garantias resultou na prática de diversos abusos estatais e, além disso, o aumento do número de condutas criminalizadas e o endurecimento da pena aumentou significativamente a quantidade de presidiários, os quais, por não serem submetidos a programas de reinserção social, retornaram ao convívio social ainda mais excluídos, mantendo elevadas as taxas de criminalidade e reincidência.

No funcionamento das instâncias formais de controle, os efeitos das políticas criminais neoliberais também foram sentidos, principalmente na atuação dos intervenientes no processo, os quais, para atenderem as exigências sociais por maior punição em menor tempo, não só se afastaram do caso concreto – vinculando a sua atuação aos papéis e à reconstrução dos fatos feita exclusivamente pela polícia –, como também diminuíram as exigências pela observação das garantias Constitucionais para encerrar o processo com mais facilidade e rapidez.

As consequências para o sistema penal foram desastrosas, pois, para além do seu problema inicial ligado à incompatibilidade da sua estrutura burocratizada com a exigência social por maior rapidez na solução dos litígios, a justiça criminal passou a ter novos problemas, quais sejam: (i) o crescimento do número de condutas criminalizadas e, consequentemente, da demanda judicial; (ii) a ampliação do número de pessoas estigmatizadas pela atuação das instâncias formais de controle (e sua influência na reincidência); (iii) a redução das garantias fundamentais dos cidadãos; e (iv) a despreocupação dos sujeitos processuais com os fatos e observância da Constituição.

Esses problemas que, como já demonstrado, levaram à contestação do modelo de resposta ao delito implementado pela política criminal neoliberal, também foram os pontos combatidos pelas novas propostas que buscaram apresentar possíveis alternativas para a crise agravada do sistema penal.

O movimento de descriminalização é um exemplo, pois retoma o conceito de *ultima ratio* do direito penal para propor a redução das condutas criminalizadas, excluindo do âmbito de atuação do direito penal "*condu-*

tas – por mais imorais, a-sociais ou politicamente indesejáveis que se apresentem – que não violem um bem jurídico claramente individualizável", bem como os casos em *"que, mesmo quando uma conduta viole um bem jurídico, ainda os instrumentos jurídicos-penais devem ficar fora de questão sempre que a violação possa ser suficientemente controlada ou contrariada por instrumentos não criminais de política social"*[187].

Paralelamente, vem à tona a ideia de diversão (ou desjudicialização) que, como ensina José de Faria Costa, *"tem de ser entendida como a tentativa de solução do conflito jurídico-penal fora do processo normal da justiça penal: isto é, de um modo desviado, divertido, face àquele procedimento"* e *"que tenham lugar antes da determinação ou declaração da culpa, ou antes da determinação da pena"*[188]. Com a diversão, ainda segundo o autor, pretende-se evitar o estrangulamento do sistema penal em decorrência da imensa demanda e buscar a *"redução da estigmatização (negativa) que acompanha, sempre e apesar de tudo, o delinquente"*[189].

Assim, por um lado, *"a desjudicialização surge no quadro do direito estadual e do sistema judicial como resposta à incapacidade de resposta dos tribunais à procura (aumento de pendências), ao excesso de formalismo, ao custo, à 'irrazoável' duração dos processos e ao difícil acesso à justiça"*[190], e, por outro, como uma maneira de *"impedir o efeito estigmatizante, em alta medida criminógeno, da submissão ao sistema formal da justiça penal e, em particular, da aplicação de sanções criminais"*, procurando *"favorecer a socialização ou a não dessocialização dos delinquentes ou desviante, sem fazer cair abaixo de quotas mínimas exigíveis o efeito estabilizador das expectativas comunitárias que à ordem jurídica pretende tutelar"*[191].

Em meio a essa busca por alternativas, a reintegração do ofendido no processo de solução do conflito penal também ganhou importância, de modo que, segundo Julio B. J. Maier, a vitimologia passou a ser destacada

---

[187] DIAS, Jorge de Figueiredo. *Direito Penal Português: as consequências jurídicas do crime*. Lisboa: Aequitas; Editorial notícia, 1993. p. 66.
[188] Diversão (desjudicialização) e mediação: que rumos?. In: *Boletim da Faculdade de Direito da Universidade de Coimbra*. vol. XLI. Ano 1985. p. 93.
[189] Idem. Ibidem. p. 106/108.
[190] DIAS, João Paulo; PEDROSO, João. As profissões jurídicas entre a crise e a renovação: o impacto do processo de desjudicialização em Portugal. *Revista do Ministério Público de Lisboa*. Lisboa, v. 23, n. 91, jul./set., 2002. p. 23/24.
[191] DIAS, Jorge de Figueiredo. Ob. cit. 1993. p. 67.

pelos defensores da *"solución de casos penales por medio de instrumentos culturalmente no penales (diversion)"*[192].

Nessa esteira, Nils Christie destaca a necessidade de se desenvolver *"una organización orientada a la víctima"*, na qual seria especialmente importante *"la consideración minuciosa sobre qué podría hacerse por la víctima"*[193].

Dessa forma, a crise do sistema jurídico penal abriu espaço para o desenvolvimento de pensamentos voltados à descriminalização de condutas, ao afastamento do Estado na resolução do problema criminal e à maior atenção à vítima.

Reunindo a proposta de diversão das respostas ao delito com a vitimologia, Julio B. J. Maier aponta que a oposição destas novas ideias conjugadas ao sistema criminal atual representa o retorno do histórico conflito entre modelos de resposta ao crime, em que, de um lado, está o monopólio do poder estatal e, do outro, a retomada da busca por solução entre as partes[194]. Segundo o aludido autor, *"la crisis del sistema penal pone de nuevo, enfrentados, dos sistemas distintos de solución de conflictos sociales: aquel que los transforma en conflictos del autor con el Estado (inquisición), sinónimo de Derecho penal y de pena estatal, y aquél para el cual tales conflictos suceden entre personas, individuales o como conjunto, y deben ser resueltos por ellas (composición)"*[195].

Entretanto, essas teorias começaram a receber críticas, principalmente no que tange à substituição do Estado pela vítima nos crimes graves e pela possibilidade da justiça penal retornar ao modelo de vingança privada.

Nesse sentido, após apontar que o desmedido envolvimento da vítima no processo penal e o demasiado afastamento do Estado poderiam representar o retorno da pena privada do direito germânico antigo, Albin Eser entende *"necesario un tercer paso en la historia del pensamiento: después de que la faida privada próxima al autor y a la víctima, debió ser superada, y no en último término, a causa de los abusos en su ejercicio, en una especie de contragolpe, por el derecho penal estatal, el distanciamiento generado por este último (también) entre el autor y la víctima requiere nuevamente un cierto reencuentro, aunque sin renunciar,*

---

[192] MAIER, Julio B. J. La victima y el sistema penal. In: MAIER, Julio B. J (Org.). *De los delitos y de las víctimas.* Buenos Aires: Ad Hoc, 2001. p. 188/189.

[193] Los Conflictos como pertenencia. In: MAIER, Julio B. J (Org.). *De los delitos y de las víctimas.* Buenos Aires: Ad Hoc, 2001. p. 174.

[194] Sobre a alternância desses modelos na história, ver capítulo 1, *supra*.

[195] Prologo. In: MAIER, Julio B. J (Org.). *De los delitos y de las víctimas.* Buenos Aires: Ad Hoc, 2001. p. 11.

por cierto, en este proceso de reindividualización, a las funciones transindividuales y a los mecanismos de control público de la sanción estatal"[196].

Além disso, nenhuma dessas teorias propostas consegue, isoladamente, resolver os problemas do sistema penal.

Por meio da descriminalização é possível eliminar do controle penal alguns delitos, reduzir a punição de outros e conter o processo de neocriminalização[197]. Já a vitimologia possibilita a participação do ofendido na busca por uma solução para o crime. No entanto, nessas duas propostas, continua inevitável a lentidão no processamento dos crimes submetidos ao aparto estatal em virtude de toda a sua burocratização, mantém-se a estigmatização do arguido submetido às cerimônias degradantes do processo e da execução da pena e não se altera a maneira de atuar dos sujeitos processuais.

Por sua vez, a diversão encontra fortes barreiras para a sua aplicação no que tange à grave criminalidade, pois alguns crimes violam de tal maneira a comunidade que "*a defesa do interesse público na não adopção de determinadas condutas deverá continuar a pertencer ao Estado*"[198]. Em outras palavras, "*sempre que a prática de um crime significa a lesão insuportável de um valor de extrema relevância para determinada comunidade, cabe – e deve continuar a caber – ao Estado a adopção das medidas necessárias à defesa de tal valor*"[199].

Desse modo, ainda que as propostas de descriminalização, diversão e a vitimologia, tenham trazido benefícios e criado alternativas, não apresentam soluções para os diversos elementos que compõem a crise da justiça criminal.

Nesse contexto, tornou-se necessária a busca por uma nova proposta de solução para a crise do sistema penal que consiga, simultaneamente, conviver com a necessidade de descriminalização de algumas condutas, com a diversão do sistema penal e com a preocupação com a vítima e, ao mesmo tempo, manter, quando necessário, o poder de coação do Estado, criando

---

[196] Acerca del renacimiento de la víctima em el procedimiento penal: tendencias nacionales e internacionales. In: MAIER, Julio B. J (Org.). *De los delitos y de las víctimas*. Buenos Aires: Ad Hoc, 2001. p. 52

[197] DIAS. Jorge de Figueiredo. Ob. cit. 1993. p. 66.

[198] SANTOS, Claudia. A mediação penal, a justiça restaurativa e o sistema criminal – algumas reflexões suscitadas pelo anteprojeto que introduz a mediação penal "de adultos" em Portugal. In: *Revista Portuguesa de Ciência Criminal*, ano 16, nº 1, jan.-mar./2006. p. 89.

[199] Idem. Ibidem. p. 89.

meios para que, nestes casos, o arguido não seja submetido às cerimônias degradantes do sistema tradicional e mantendo, em qualquer hipótese, até mesmo na de diversão, as garantias fundamentais para a imposição de uma sanção.

Diante dessa necessidade emerge a proposta de alterar os espaços de conflito por espaços de consenso, o que, como ensina Manuel da Costa Andrade, tem *"a ver com a postura ou atividade espiritual e cultural dos diferentes sujeitos processuais, com os modelos de interação, bem como o compromisso e o empenhamento intersubjetivos no que toca ao* out-put *do processo. Do que fundamentalmente se trata é de procurar realizar num clima diferenciado os mesmos valores ou fins"*[200].

Em outras palavras, o processo penal de consenso busca aproximar os sujeitos processuais para, em conjunto, encontrarem a melhor solução legal para pacificar a tensão causada pelos interesses diversos surgidos com a prática do delito[201], servindo, simultaneamente, às finalidades tradicionais, preventivas, do direito penal, ao reestabelecimento da paz jurídico-social e à reabilitação do autor[202].

Nos moldes do processo de consenso, pressupõe-se uma relação horizontal entre os sujeitos processuais, que devem agir sempre vinculados à lei, de modo a evitar que uma das partes imponha os seus interesses às demais[203], fato este que, se ocorrer, não só desvirtua o conceito de consenso por representar a vontade de uma só parte, como também prejudica a rea-

---

[200] ANDRADE, Manuel da Costa. Consenso e oportunidade – reflexões a propósito da suspensão provisória do processo e do processo sumaríssimo. In: *Jornadas de direito processual penal – O novo Código de Processo Penal*. Coimbra: Almedina, 1995. p. 335.
[201] Conforme Germano Marques da Silva, *"precisamos todos, magistrados e advogados, de dialogar sobre os modos de, em conjunto, ultrapassar as dificuldades operativas de um processo em ordem à realização da Justiça, alterando hábitos adquiridos e só justificados, quando o são, perante perspectivas diferentes de alcançar o fim que a todos se empenha"* (Em busca de um espaço de consenso em Processo Penal. In: *Estudos em Homenagem a Francisco José Velozo*. Braga: Universidade do Minho, 2002, p. 695 e ss.)
[202] Anabela Miranda Rodrigues salienta a necessidade dos meios de Resolução alternativa de litígio manterem a finalidade tradicional do direito penal. In: A propósito da introdução do regime de mediação no processo penal. In: *Revista do Ministério Público*. n. 105, a. 27, Jan./Mar. 2006. p. 131.
[203] De acordo com Anabela Miranda Rodrigues, o consenso pretende *"fomentar o diálogo entre das partes ao longo de todo o processo, criar um clima em que cada uma delas defenda os seus interesses em plano de igualdade e onde a sua opinião seja tomada em conta no momento de adoptar decisões que as afetem"* (Os processos sumário e sumaríssimo ou a celeridade e o consenso no Código de Processo Penal. In: *Revista Portuguesa de Ciência Criminal*, ano 6, nº 4, Out./Dez., 1996. p. 530).

lização da justiça, seja por uma punição exacerbada do ofensor ou pela violação das suas garantias fundamentais, seja pela aplicação de uma sanção que não atenda à culpa e às necessidades de prevenção do caso concreto.

A possibilidade de o consenso integrar todos os benefícios das propostas de reforma do sistema penal e a necessidade de se manter a coação estatal em hipóteses determinadas decorre do fato de não ser em si um modelo processual – apenas existem modelos processuais orientados pelo consenso (capítulo 6, *infra*) –, mas sim o meio pelo qual se devem orientar as reformas e a relação dos sujeitos processuais em busca da realização das finalidades de prevenção do direito penal.

Dessa forma, deve-se buscar pelo consenso não só a desburocratização do sistema penal por meio da mudança na maneira dos sujeitos processuais se relacionarem, mas também a retomada de temas caros à descriminalização, à diversão e à vitimologia, como a hipertrofia do sistema penal, a estigmatização do desviante e o esquecimento do ofendido, preocupações que obrigatoriamente devem estar presentes e influenciarem diretamente na construção de modernos modelos processuais penais[204].

Antes, porém, entendemos ser preciso afastar a ideia de consenso das reformas processuais orientadas exclusivamente pelos princípios da oportunidade e da celeridade. Essa diferenciação é importantíssima, uma vez que refuta as diversas críticas que são feitas ao processo de consenso no sentido de configurar uma aproximação ao sistema anglo-saxão.

4.1. O equívoco nas críticas ao consenso: inexistência de vinculação entre consenso e os princípio da oportunidade e celeridade

Nas últimas décadas, o direito brasileiro e o europeu continental têm vivenciado o incremento de institutos típicos da *common law*, principalmente de

---

[204] Nas palavras de Nereu José Giacomolli, *"As razões para a introdução desses mecanismos no processo penal, na atualidade, hão de ser buscadas em três patamares básicos. No âmbito sociológico, costuma-se enfatizar a estigmatização social do processo, de condenação e do encarceramento, bem como na ressocialização mediante o cumprimento voluntário da sansão. Em termos de política criminal, critica-se a hipertrofia do direito penal, a incapacidade de sancionar todos os comportamentos criminais e o abandono à pessoa da vítima. Já no plano jurídico, clama-se pela simplificação do procedimento, no interesse da justiça material, em contraste com um formalismo legal, e na direção das consequência jurídicas, ou seja, da efetividade da aplicação do direito –, tanto no plano material como no processual"* (Legalidade, oportunidade e consenso no processo penal: na perspectiva das garantias constitucionais. Porto Alegre: Livraria do Advogado, 2006. p. 76).

mecanismos processuais unicamente relacionados ao princípio da celeridade e da oportunidade, típicos deste modelo processual.

Essa incorporação vem sendo muito criticada pela doutrina. De acordo com Bernd Schünemann, "*la marcha triunfal del proceso penal norteamericano, considerada unilateralmente, sería lamentable y debería ser resistido en el actual desarrollo del sistema procesal penal europeo de una manera decidida, pues constituye una renuncia a las conquistas fundamentales del Estado de Derecho ya alcanzadas en el siglo XIX*"[205].

Os pontos mais controversos e criticáveis dessa aproximação entre os sistemas são a adoção de um modelo de justiça negociada[206], decorrente da influência do princípio da oportunidade, e a supressão de garantias processuais[207] resultante das reformas orientadas pelo princípio da celeridade.

Essas críticas que recaem sobre a influência do princípio da celeridade e da oportunidade nos sistemas penais brasileiro e europeu também são estendidas às propostas de consenso, o que entendemos ser equivocado, pois decorrem da infundada mistura que parte da doutrina faz dos conceitos de oportunidade e consenso, bem como da finalidade de cada um deles no processo penal[208].

---

[205] Crisis del procedimiento penal: marcha triunfal del procedimiento penal americano en el mundo. In: SCHÜNEMANN, Bernd. *Temas actuales y permanentes del derecho penal después de milenio*. Madrid: Tecnos, 2002. p. 302.

[206] Criticando, Nicolás Rodríguez García afirma: "*Nos encontramos ante el peligro de que la invasión norteamericana, economicista, consumista, rápida, acabe por invadir y deslumbrar a nuestro legislador, como ha hecho con nuestros jóvenes: 'comida rápida', 'justicia rápida' (eficacia, porcentajes, informatización, celeridad, cambios legislativos); hay que frenar tanta aceleración, y el freno tiene que ser impuesto por una sociedad que es la que sufre esta manera de juzgar*" (*El consenso en el proceso penal español*. Barcelona: José Maria Bosch Editor, 1997. p. 241).

[207] Explicando as críticas relativas à supressão de garantias, ver: MOLINA, Antonio García--Pablos de; GOMES, Luiz Flávio. *Criminologia*. 8 ed. São Paulo: Revista dos Tribunais, 2012. p. 498/499.

[208] A mistura entre oportunidade e consenso e a formulação de crítica que se aplica apenas ao princípio da oportunidade ficam nítidas no seguinte trecho: "*A oportunidade, independentemente do grau de aceitação nos ordenamentos jurídicos, desvirtua, principalmente, a garantia da legalidade, da igualdade e da presunção de inocência. O maior dano a um ordenamento jurídico está na ofensa aos direitos humanos, principalmente aos direitos humanos positivados ou de índole constitucional, ou seja, dos direitos fundamentais. Já se disse, acertadamente, que este paradigma de consenso é mais ingênuo, menos convincente e menos seguro no plano das garantias processuais, pois o reino do sentido comum, tão desvanecente como facilmente manipulável com os atuais meios de criação de opinião, conduzirá a resultados jusnaturalistas e voláteis. (...). Nenhum órgão acusador pode dispor da aplicação da pena, não podendo, um dos órgãos estatais, decidir quais são os fatos tipificados que investiga, sob pena de deixar a*

Explica-se: em decorrência dessa confusão, as reformas orientadas pela celeridade e oportunidade são divulgadas como propostas de implementação de espaços de consenso, quando, na verdade, passaram longe dessa finalidade, uma vez que a maioria delas[209] não aproximou as partes e tampouco criou um ambiente horizontal propício para o diálogo.

A exposição de motivos da Lei nº 9.099/95 evidencia tal fato. Ao elencar as linhas fundamentais que orientaram a elaboração da Lei, consignou-se: "*a) Princípios gerais. Os critérios e princípios do processo das pequenas causas penais - oralidade, simplicidade, informalidade, economia processual e celeridade - são explicitativos nas Disposições Gerais do Projeto, que coloca como objetivos da lei a reparação dos danos sofridos pela vítima e a aplicação de pena não privativa de liberdade*".

Ao contrário do que sustenta parte da doutrina, a proposta de consenso não possui ligação com o princípio da oportunidade[210] ou com o princípio da celeridade, uma vez que, por definição, não faculta às partes transigirem sobre a acusação – apenas modifica a maneira de interagirem – e também não cria mecanismos voltados a acelerar o processo penal em detrimento das garantias fundamentais do cidadão, sendo certo que a rapidez na solução do conflito é apenas uma consequência quase sempre atrelada à adoção de um processo orientado pela relação consensual.

Entretanto, em razão da confusão que se faz, como se demonstrará abaixo, o consenso acaba por receber as críticas que entendemos indevidas. Dessa forma, para melhor percebermos a inexistência de efetivos espaços de consenso nas alterações legislativas orientadas pelos princípios da oportunidade e da celeridade, entendemos importante analisarmos as reformas processuais penais brasileiras e portuguesas.

---

aplicação do ius puniendi *ao livre arbítrio de determinados sujeitos*" (GIACOMOLLI, Nereu. Ob. cit. 2006. p. 101).

[209] Com exceção da "*composição dos danos*" para os crimes de ação penal privada e condicionada à representação, prevista na legislação brasileira no artigo 72, da Lei nº 9.099/95, e, em Portugal, da mediação penal, conforma tratado adiante (item 6.1, *infra*).

[210] De acordo com Pedro Caeiro, "*o conteúdo do princípio da oportunidade é constituído, exclusivamente, pelos casos em que o MP, tendo notícia de crime, possa ainda decidir sobre a abertura do inquérito e aqueles em que, tendo indícios suficientes relativamente ao autor do crime, possa ainda decidir sobre a dedução da acusação*" (Legalidade e oportunidade: a perseguição penal entre o mito da "justiça absoluta" e o fetiche da "gestão eficiente" do sistema. In: *Revista do Ministério Público*, n. 84, ano 21, Out./Dez. 2000. p. 32).

Considerando que, conforme ressalta a exposição de motivos da lei nº 9.099/95, o resultado final da legislação brasileira defluiu da análise do Direito Comparado, tendo-se preferido *"utilizar como primeiro parâmetro as legislações mais modernas que (...) adotam a denominada discricionariedade controlada com relação a delitos de menor gravidade"*, entre ela *"o Código de Processo Penal português de 17-02-87"*[211], opta-se por iniciar o estudo pela legislação portuguesa.

Em Portugal, o processo sumário (artigos 381.º a 391.º do CPP) é um dos exemplos de reforma legislativa promovida com a finalidade única de obter maior rapidez, já que *"não assume significado específico do ponto de vista dos tópicos do consenso e da oportunidade"* e *"não se distingue do processo comum"*, *"descontadas as particularidades impostas por sua índole de processo acelerado"*[212].

Estruturado na restrição de garantias em prol da celeridade processual, a incorporação do processo sumário no ordenamento jurídico português foi pautada sob o argumento de que *"não é no* quantum *das penas abstratas mas na qualidade e celeridade da resposta penal que se revela o funcionamento da justiça"*[213].

Por esse modelo de processo, exceto para os crimes indicados no artigo 381.º, 2, do CPP português[214], os detidos em flagrante por qualquer auto-

---

[211] Exposição de Motivos da Lei nº 9.099, de 26.09.95 do Projeto de Lei nº 1.480-A de 1989.

[212] ANDRADE, Manuel da Costa. Consenso e oportunidade – reflexões a propósito da suspensão provisória do processo e do processo sumaríssimo. In: *Jornadas de direito processual penal – O novo Código de Processo Penal*. Coimbra: Almedina, 1995. p. 319, nota 1. No mesmo sentido, atribuindo ao processo sumário a exclusiva finalidade de celeridade, ver: RODRIGUES. Anabela Miranda. Os processos sumário e sumaríssimo ou a celeridade e o consenso no Código de processo penal. In: *Revista Portuguesa de Ciências Criminais*. Ano 6, Fasc. 4, Out./Dez. 1996, p. 525.

[213] MESQUITA, Paulo Dá. Os processos especiais no Código de Processo Penal português – respostas processuais à pequena e média criminalidade. In: *Revista do Ministério Público*. n. 68, ano 17, out./dez. 1996. p. 102.

[214] Inicialmente, o processo sumário somente era admitido para os crimes punido com pena de prisão de até três anos. Posteriormente, com a alteração promovida pela Lei n.º 59/98, de 25 de Agosto, passou-se admitir também para os crimes punidos com pena acima de três anos, "quando o Ministério Público, na acusação, entender que não deve ser aplicada, em concreto, pena de prisão superior a três anos". Depois, o limite foi aumentado para pena de prisão de 5 anos (Lei n.º 48/2007, de 29 de Agosto) e, finalmente, em 2013, foi suprimido o limite em função da pena, ficando, contudo, proibida a sua aplicação para os crimes praticados contra a identidade cultural e integridade pessoal, contra a segurança do Estado, dispostos na Lei Penal relativa às violações do Direito Internacional Humanitário, bem como para a "'Criminalidade altamente organizada' as condutas que integrarem crimes de associação criminosa,

ridade judiciária, entidade policial ou por outra pessoa, neste último caso somente se a pessoa detida tenha sido entregue a uma autoridade judiciária ou entidade policial dentro do prazo de duas horas[215], serão submetidos a um processo com trâmite acelerado, com *"algumas limitações quanto à possibilidade de adiamento da audiência de julgamento, ao uso dos meios de prova e aos prazos em que a prova poderá ser realizada, e ainda em matéria de recursos"*[216]

Muito embora seja salutar a busca de celeridade na prestação jurisdicional, entendemos que o processo sumário português termina por incorrer no mesmo erro do *Law and Order* ao suprimir dos arguidos suas garantias. E, nesse ponto, vale dizer, *"a eficácia do processo não representa unicamente a aplicação do ius puniendi, ou seja, uma condenação com uma consequente aplicação de uma sanção criminal, mas também, a proteção de todos os direitos fundamentais"*[217], de modo que não se coaduna com a ideia de um processo penal justo a aceleração do procedimento em detrimento das garantias processuais do arguido.

Justamente em atenção às garantias dos arguidos, em decisão de 15 de Julho de 2013, o Tribunal Constitucional Português reconheceu a inconstitucionalidade da Lei nº 20/2013, de 21 de Fevereiro, que suprimiu a previsão legal que limitava a sua aplicação para os crimes com pena de prisão de até cinco anos, pois, *"estando em causa uma forma de criminalidade grave a que possa corresponder a mais elevada moldura penal, nada justifica que a situação de flagrante delito possa implicar, por si, um agravamento do estatuto processual do arguido com a consequente limitação dos direitos de defesa e a sujeição a uma forma de processo que envolva menores garantias de uma decisão justa"*[218].

---

tráfico de pessoas, tráfico de armas, tráfico de estupefacientes ou de substâncias psicotrópicas, corrupção, tráfico de influência, participação económica em negócio ou branqueamento".

[215] A redação original não previa a possibilidade de adoção do processo sumário nos casos de detenção realizada por cidadão diverso da autoridade judiciária ou entidade policial, este dispositivo foi acrescentado pela reforma trazida pela lei nº 48/2007, de 29 de Agosto.

[216] Acórdão n 428/2013, da 3 Secção do Tribunal Constitucional, Rel. Conselheiro Carlos Fernandes Cadilha.

[217] GIACOMOLLI, Nereu José. Ob. cit. 2006. p. 62.

[218] Acórdão n 428/2013, da 3 Secção do Tribunal Constitucional, Rel. Conselheiro Carlos Fernandes Cadilha. Ainda que não seja objeto do presente estudo, é importante considerar que é discutível a constitucionalidade do processo sumário para os delitos de média gravidade. A despeito de haver previsão legal que estabelece o julgamento desses delitos, em regra, por um tribunal singular, fato é que é real a possibilidade de se aplicar uma pena efetiva de prisão de cinco anos em um processo com menos garantias. Talvez, nesse ponto, o princípio

O ponto principal, contudo, é a conclusão de que o processo sumário português não representa a manifestação de um espaço de consenso e tampouco uma alternativa que deveria ser adotada na busca de uma solução para o sistema penal, pois em nada altera a sua estrutura hierarquizada de conflito, apenas consegue acelerar o andamento do processo em detrimento das garantias do processo, reabrindo espaço para arbitrariedades e injustiças.

Assim, não obstante entendamos que as críticas contra a larga expansão do princípio da celeridade têm fundamento no que tange à restrição de garantias, a nosso ver é um equívoco transportar as mesmas censuras para o consenso, haja vista a completa dissociação entre as propostas. Se o consenso pode levar à celeridade em razão da desburocratização das relações, isso é salutar, mas com esta não se confunde e nem a tem como finalidade.

Da mesma forma, não nos parece que o processo sumaríssimo português constitua um espaço de consenso no processo penal[219], muito embora seja um efetivo mecanismo de diversão e oportunidade[220] contra a criminalidade pequena, assim como a transação penal no caso brasileiro[221].

Isso porque, apesar de ambos os casos preverem um meio de resolução do problema penal diferente do processo penal comum, pois tem iní-

---

da celeridade não esteja compatível com as garantias do arguido, em violação direta ao artigo 32º., n.º 2, da Constituição.

[219] Não obstante tenha situado o processo sumaríssimo no que chamou de margem de consenso, Manuel da Costa Andrade salientou que assim o fez à falta de melhor designação. (Consenso e oportunidade – reflexões a propósito da suspensão provisória do processo e do processo sumaríssimo. In: *Jornadas de direito processual penal – O novo Código de Processo Penal.* Coimbra: Almedina, 1995. p. 319 e ss, especificamente na p. 322. Apontando o processo sumaríssimo como espaço de consenso, ver: CAEIRO, Pedro. Ob. cit. p. 37; RODRIGUES, Anabela Miranda. Os processos sumário e sumaríssimo ou a celeridade e o consenso no Código de processo penal. In: Revista Portuguesa de Ciências Criminais. Ano 6, Fasc. 4, Out./Dez. 1996, p. 525 e ss; MESQUITA, Paulo Dá. Ob. cit.. p. 109 e ss.

[220] Não se trata da incidência ampla do princípio da oportunidade no direito processual português no sentido de poder o Ministério Público decidir os casos em que vai investigar ou oferecer acusação, mas sim da influência desse princípio para imposição legal de limites ao princípio da legalidade, num modelo de legalidade aberta. Exatamente rechaçando o equivocado entendimento que defende a incidência do princípio da oportunidade no processo penal português, ver: CAEIRO, Pedro. Ob. cit. p. 31/47.

[221] Considerando a transação penal um espaço de consenso no processo penal brasileiro, ver: JUNQUEIRA, Gustavo Octaviano Diniz; FULLER, Paulo Henrique Aranda. Juizado Especial Criminal. In: JUNQUEIRA, Gustavo Octaviano Diniz; FULLER, Paulo Henrique Aranda (Orgs.). *Legislação penal* Especial. v. 1. 6 ed. São Paulo: Saraiva, 2010. p. 463.

cio antes da aplicação de uma pena (diversão) – muito embora leve a uma condenação no caso do processo sumaríssimo português[222] – e do oferecimento da acusação (oportunidade legal como limite ao princípio da legalidade), não estabelece a possibilidade de diálogo entre as partes sobre os fatos, sobre a pena ou sobre a indenização civil.

O procedimento sumaríssimo português está marcado pelo protagonismo do Ministério Público, não pelo consenso. O órgão ministerial é responsável sozinho pela definição de submeter ou não o caso ao procedimento sumaríssimo – devendo assim proceder quando presentes os requisitos legais[223]. Não obstante a lei preveja que o procedimento pode ser iniciado em razão da manifestação do arguido[224], a verdade é que a vontade do ofensor tem a única finalidade de dar início ao trâmite do processo sumaríssimo sem a sua prévia oitiva, já que cabe exclusivamente ao Ministério Público definir se, à hipótese dos autos, pode ou não ser aplicada pena ou medida de segurança restritiva de liberdade, sendo certo que, em caso positivo, é vedada a adoção desse rito procedimental, mesmo com a prévia anuência do arguido[225].

Além disso, caberá ao Ministério Público a definição das penas aplicáveis ao caso[226], as quais poderão ser rejeitadas[227] ou alteradas na sua espécie ou medida[228] pelo juiz. Ao arguido só resta escolher se vai ou não se submeterem à manifestação do promotor e do juiz[229], mas, em momento algum, é ouvido prévia ou posteriormente acerca da solução proposta, uma vez que a sua oposição sobre a pena resulta na remessa dos autos para outra forma de processamento que lhe caiba[230].

---

[222] Já a transação sequer é uma resposta penal ao problema criado pela prática de um crime, pois a sua homologação pelo juiz "*não é sentença condenatória, não configura título executivo para ser utilizado na esfera cível*" (NUCCI, Guilherme de Souza. *Leis penais e processuais penais* comentadas. São Paulo: Revista dos Tribunais, 2009. p. 806), não constará da certidão de antecedentes (art. 76, §6º) e também não importará em reincidência (art. 76, §4º).
[223] CAEIRO, Pedro. Ob. cit. p. 36 e nota 7.
[224] Artigo 392.º, n.º 1, do CPP.
[225] Idem.
[226] Artigo 394.º, n.º 2, a), do CPP.
[227] Artigo 395.º, n.º 1, al. a), b) e c), do CPP.
[228] Artigo 395.º, n.º 2, do CPP.
[229] Artigos 396.º e 397.º do CPP.
[230] Artigo 398.º, n.º 1, do CPP.

Por sua vez, a vítima sequer participa dos atos processuais, apenas pode manifestar a sua vontade de obter a reparação dos danos[231], não opinando sobre o valor, cuja definição também fica a cargo do Ministério Público[232], o que não ajuda a pacificação da tensão social causada pelo delito, ainda mais quando considerado que a pequena criminalidade ofende mais a vítima direta do que a sociedade.

Ainda, o processo sumaríssimo impõe sérias restrições às garantias fundamentais do arguido, uma vez que resulta na imposição de uma condenação criminal, sem a possibilidade de produção de provas pela defesa ou interposição de recurso[233]. A justificativa para isso é suposta a característica consensual do procedimento, no qual as partes conjuntamente aceitam a proposta[234]. No entanto, como já dito, não há consenso na pena sugerida, apenas a aceitação posterior e passiva do arguido, o que pode se dar por razões diversas da efetiva prática delitiva, como, por exemplo, para evitar o constrangimento de se submeter às degradantes cerimonias do processo comum, pelo medo da não aceitação resultar, posteriormente, na aplicação de pena mais grave – salienta-se que o limite é de pena de prisão de até cinco anos – ou mesmo por coação de qualquer pessoa, a qual, em momento nenhum, é verificada pelo magistrado.

A legislação brasileira, por seu turno, parece-nos padecer, em grande parte, dos mesmos equívocos apontados da legislação portuguesa. A Lei nº 9.099/95, conforme elucida sua exposição de motivos, dividiu o procedimento dos delitos de menor potencial ofensivo em dois momentos, i) *"Fase preliminar: Destina-se à tentativa de conciliação, englobando a transação no campo civil e a proposta do Ministério Público para aplicação de pena restritiva de diretos ou multa, no campo penal"* e ii) *"Procedimento sumaríssimo. Não ocorrendo a imediata aplicação da pena restritiva de direitos ou multa, o Ministério Público formula oralmente a denúncia",* introduzindo aí *"o instituto da suspensão condicional do processo".*

Com exceção à composição de danos civis nas ações de iniciativa privada e condicionada à representação – que por sua natureza e peculiari-

---

[231] Artigo 393.º, n.º 2, do CPP.
[232] Artigo 394.º, n.º 2, b), do CPP.
[233] Artigo 397.º, n.º 2, do CPP.
[234] Nesse sentido: RODRIGUES, Anabela Miranda. Os processos sumário e sumaríssimo ou a celeridade e o consenso no Código de processo penal. In: Revista Portuguesa de Ciências Criminais. Ano 6, Fasc. 4, Out./Dez. 1996, p. 525.

dade será tratada em tópico próprio[235]--, os demais institutos previstos pela legislação assemelham-se, em grande parte, à experiência portuguesa.

De fato, no procedimento previsto pela Lei nº 9.099/95, no que tange à denominada transação penal, há imposição de pena ao arguido sem o respeito às suas garantias processuais, pois, consoante o artigo 76 da Lei nº 9.099/95, nos casos dos crimes de menor potencial ofensivo[236], *"o Ministério Público poderá propor a aplicação imediata de pena restritiva de direitos ou multa" (caput)*[237], que se for aceita *"pelo autor da infração, será submetida à apreciação do juiz"*.

Apesar de, na hipótese brasileira, a sanção imposta não representar condenação criminal, não há preocupação com a aferição da culpabilidade do acusado nem com a satisfação das exigências de prevenção da pena.

Além do mais, a transação penal, nos termos trazidos na legislação brasileira, termina por afetar a percepção da sociedade acerca da capacidade das instâncias formais de controle pacificarem as relações abaladas pela conduta delitiva, já que exclui vítima e acusado da efetiva participação na solução do conflito.

É que o suposto autor do delito não é ouvido acerca dos fatos ou sobre o conteúdo da proposta, de modo que, assim como em Portugal, a participação do investigado se restringe à aceitação ou não do que está sendo oferecido, sempre sob a ameaça velada de, no caso de negativa, ser processado criminalmente, o que, como dito acima, pode leva-lo a aceitar a solução proposta pelo Estado por motivos diversos do que a efetiva prática do delito. Por sua vez, a vítima assume um papel ainda menor do que no

---

[235] Melhor abordado no tópico 6.1., *infra*.

[236] De acordo com o artigo 61 da Lei nº 9.099/95, "Consideram-se infrações penais de menor potencial ofensivo, para os efeitos desta Lei, as contravenções penais e os crimes a que a lei comine pena máxima não superior a 2 (dois) anos, cumulada ou não com multa".

[237] Apesar do artigo 76, "caput", da Lei nº 9.099/95, prever a transação penal apenas para os crimes de ação penal pública condicionada ou não à representação, entendemos que também é possível a sua realização nas hipóteses de ação penal privada, por analogia *in bonam partem*. Sobre isso, ver: GRINOVER, Ada Pellegrini; GOMES FILHO, Antonio Magalhães; FERNANDES, Antonio Scarance. Juizados Especiais Criminais. Comentários à Lei 9.099, de 26.09.1995. 5 ed. São Paulo: Revista dos Tribunais, 2005. p. 150; NUCCI, Guilherme de Souza. Ob. Cit. p. 795/796.

processo sumaríssimo português, pois na transação penal ela fica completamente alheia à elaboração da proposta de sanção[238].

Vale dizer que, nos casos de ação penal pública[239], a composição de danos civis, ao contrario do que acontece nas hipóteses das ações penais privada e condicionada à representação (sobre elas, ver item 6.1, *infra*), não pode ser considerada meio de solução consensual do conflito penal. Isso porque, muito embora a sua realização seja consensual, eventual conciliação entre as partes não exclui a necessidade de se fazer a transação penal, isto é, não impede que as instâncias formais de controle apliquem uma sanção alcançada sem a participação direta dos envolvidos.

Em todas essas hipóteses, a pena imposta ao arguido sem o respeito às suas garantias processuais, além de possivelmente injusta ou não adequada à culpa e às exigências de prevenção, afeta a percepção da sociedade acerca da capacidade das instâncias formais de controle pacificarem as relações abaladas pela conduta delitiva.

Na mesma esteira entendemos estar a suspensão provisória do processo prevista no processo penal português – ou suspensão condicional do processo no Brasil –, na qual também não há espaço para a busca de consenso entre as partes[240], existindo apenas a aceitação pelo arguido dos termos de uma proposta elaborada pelo Ministério Público[241]. Assim como já dito acerca do processo sumaríssimo, mesmo que discorde dos fatos imputados ou das injunções e regras de condutas impostas, o arguido pode acabar aceitando-as unicamente para não se submeter ao curso processual ou evitar pena mais gravosa, hipótese que ganha maior força quando considerado que a aceitação e o cumprimento da proposta de suspensão não

---

[238] A vítima somente pode ser beneficiada pela transação, mas não participar da construção de uma solução mais adequada para a pacificação do conflito. Isso porque a proposta de transação penal somente poderá conter penas restritivas de direito ou multa que estejam legalmente previstas, entre as quais está *"a prestação pecuniária consiste no pagamento em dinheiro à vítima"* (art. 45, § 1º, do CP brasileiro). Nesse sentido: NUCCI, Guilherme de Souza. Ob. Cit. p. 797)
[239] Nos crimes de menor potencial ofensivo processados por meio de queixa ou mediante representação, entendemos haver um espaço de consenso, conforme tratado no item 6.1, *infra*.
[240] Manuel da Costa Andrade insere a suspensão provisória do processo entre as margens de consenso por não encontrar melhor definição. (Consenso e oportunidade – reflexões a propósito da suspensão provisória do processo e do processo sumaríssimo. In: *Jornadas de direito processual penal – O novo Código de Processo Penal*. Coimbra: Almedina, 1995. p. 319 e ss, especialmente na p. 322).
[241] Artigo 281.º do CPP português e, no Brasil, artigo 89, *caput*, da Lei nº 9.099/95.

resulta, como acontece no processo sumaríssimo, na imposição de uma condenação criminal, mas sim no arquivamento do processo após o cumprimento das condições impostas[242].

Dessa forma, consideramos insubsistentes as críticas à proposta de criação de um processo penal de consenso com base na análise das causas e das consequências negativas de reformas processuais influenciadas pela celeridade e oportunidade, haja vista que nenhuma delas está relacionada a esse modelo processual.

Definido o conceito de consenso e afastadas as críticas que o relacionam aos princípios da celeridade e oportunidade, cabe, a partir de agora, verificarmos as bases fundantes sobre as quais entendemos que deve se estruturar a criação dos espaços de consenso. Depois disso, será possível analisarmos os modelos processuais de consenso que consideramos aptos a resolver o problema tradicional do sistema penal relacionado à sua burocracia e lentidão.

---

[242] Artigo 282.º, n.º 3, do CPP português e, no Brasil, extingue-se a punibilidade por força do artigo 89, §5º, da Lei nº 9.099/95.

5. BASES PARA A CONSTRUÇÃO DE MODELOS PROCESSUAIS DE CONSENSO

A estruturação de um modelo processual penal de consenso tem como finalidade primeira a desburocratização do sistema penal por meio da profunda modificação na maneira dos sujeitos processuais se relacionarem. No entanto, a construção desse modelo pode se dar sobre diversas bases, como, por exemplo, a liberdade total para as partes definirem as penas a serem aplicadas ao caso concreto, a participação da vítima em todos os casos ou apenas naqueles em que não haja maior interesse do Estado, entre outras.

Por isso, é preciso estabelecer bases sólidas para o desenvolvimento das estruturas de consenso para que, além de desburocratizar a justiça, também solucione os problemas surgidos em decorrência do insucesso da política criminal desenvolvida pelo Estado neoliberal, quais sejam: (i) a expansão do direito penal criminalizando pequenos desvios e incivilidades; (ii) o abandono da preocupação com a recuperação e a inserção social do criminoso; e (iii) a supressão das garantias processuais do cidadão.

Como visto acima, algumas alternativas foram propostas, mas, a nosso ver, cada uma delas pecou em aspectos muito relevantes e indispensáveis na construção de um sistema jurídico que consiga atingir suas finalidades com efetividade e, simultaneamente, incorporar as novas exigências sociais para a realização da justiça.

Não obstante, entendemos que todas essas propostas apresentaram benefícios em relação ao atual estágio do sistema penal, devendo elas servirem como base para a construção de modelos processuais de consenso que consigam resolver o problema inicial do sistema penal – a incompatibilidade da sua estrutura e legitimação com o dinamismo e expectativas da sociedade atual – e, ao mesmo tempo, sejam aptos a reverter a tendência de criminalização de pequenos desvios, a promover a retomada da política de recuperação do desviante e a devolução aos arguidos e às vítimas os seus direitos.

Nessa tarefa de aglutinar os benefícios de diversas propostas de resposta ao delito para estabelecer as bases do desenvolvimento do consenso, tentaremos, no limite do possível, manter isenção com relação à opção por um ou outro movimento classista, pensamento político ou mesmo por alguma teoria criminológica. Essa preocupação com a isenção tem a finalidade de tentar, nesse trabalho, não incorrer no que consideramos ser um dos principais erros de teorias anteriores que, a nosso ver, para terem destaque, assumiram posições extremadas, ignoraram as conquistas das doutrinas anteriores – como foi o caso do *Law and Order* que tentou descontruir teoricamente os postulados da criminologia crítica[243].

No nosso entendimento, a pretensão de desconstrução de uma teoria antecessora faz com que o foco principal do estudo seja desvirtuado e, ao invés de se aperfeiçoar o que já existe, a desconsideração de todos os avanços anteriores culmina na estagnação evolutiva dos modelos de reação ao delito.

Então, o que se propõe é uma tentativa de conciliação entre as conquistas obtidas pelos diversos modelos de resposta ao delito já construídos, afastando-se o que consideramos serem os equívocos dessas propostas, de modo a criar um ambiente propício para o desenvolvimento do processo penal de consenso.

5.1. A necessidade de redefinição hierárquica dos bens jurídicos tutelados para separação dos espaços de consenso

Conforme abordado anteriormente, em virtude do desvalor social e da intensidade com que algumas condutas violam o bem jurídico tutelado,

---

[243] É importante esclarecer que a vinculação apresentada entre o sistema penal e a doutrina neoliberal não foi feita por opção ou mesmo por vontade de preparar o terreno para críticas. Pretendeu-se, tão-somente, fazer um retrato do atual modelo de reação ao delito e, nessa tarefa, foi inevitável a relação entre ambos, haja vista a forte influência do neoliberalismo na sociedade contemporânea e na formação da justiça penal.

não há como prescindir do poder de coação estatal. Por outro lado, algumas ações criminalizadas ofendem em menor grau a sociedade e, no mais das vezes, têm efeito mais prejudicial à vítima direta do delito do que à comunidade, casos em que a intervenção penal clássica pode ser mais prejudicial do que benéfica. Por fim, existem outras condutas que constituem pequenas incivilidades, as quais entendemos que sequer deveriam constituir infração penal e, por isso, deveriam ser descriminalizadas.

A retomada dessa visão hierarquizada entre os bens jurídicos foi conduzida pelas teorias neoliberais da década de 80 do século passado que, apesar de criticáveis em razão de seus excessos – o que será tratado a seguir –, voltaram a defender a punição mais rigorosa para as condutas com maior reprovabilidade social.

O estabelecimento de um grau de reprovabilidade para uma conduta desconstruiu o pensamento da criminologia crítica segundo o qual o crime não existe como uma realidade ontológica, ou seja, a visão de que não existem condutas naturalmente boas ou ruins para legitimar a existência de um sistema penal que pune algumas ações e não outras[244].

Muito embora não se possa negar que, como sustenta Louk Hulsman, inexiste uma estrutura em comum entre os eventos criminalizáveis, como, por exemplo, entre os crimes de rua e os ambientais[245], esse fato não deve conduzir diretamente à conclusão de que nenhum evento pode ser submetido ao controle penal,[246] pois, como bem coloca Nils Christie, *"em cer-*

---

[244] A natureza *definitorial* do crime já foi apontada acima como uma característica do *labelling approach*. Sobre aspecto do *labelling approach*, Antonio García-Pablos de Molina explica: *"el individuo se convierte em delincuente (...) no porque haya realizado uma conducta negativa, sino porque determinadas instituciones sociales le han etiquetado como tal, habiendo asumido el mismo dicho estatus criminal que las agencias del control social distribuyen de forma selectiva y discriminatoria"* (Criminología: una introducción a sus fundamentos teóricos. 6. ed. Valencia: Tirant lo Blanch, 2007. p. 463).

[245] Alternativas à Justiça Criminal. *In*: PASSETTI, Edson (Org.). *Curso livre de abolicionismo penal*. Rio de Janeiro: Renavan, 2004. p. 43.

[246] Nos dias de hoje, os abolicionistas radicais retomaram a ideia da natureza *definitorial* do crime para defendem ser um equívoco a utilização da coação penal para coibir a prática de condutas consideradas típicas, pois, *"na realidade, crimes são meras criações da lei penal, não existindo um conceito natural que os possa genericamente definir"*, *" fala-se genericamente em crime como se tal expressão pudesse traduzir um conceito natural, que partisse de um denominador comum, presente em todo o tempo ou em todo lugar"*, entretanto, *"o que é crime em um determinado lugar, pode não ser em outro; o que hoje é crime, amanhã poderá não ser"* (KARAM, Maria Lúcia. Pela abolição do sistema penal. *In*: PASSETTI, Edson (Org.). *Curso livre de abolicionismo penal*. Rio de Janeiro: Renavan, 2004. p. 73).

tas hipóteses é necessária a intervenção da força do estado", "se algumas pessoas querem continuar matando judeus, um limite precisa ser imposto. E aqui o sistema penal, fundamentado nas leis penais, é o melhor aparato que eu conheço para que este limite seja imposto a comportamentos absolutamente inaceitáveis, que não podem ser tolerados pelo Estado"[247].

Assim, apesar do *Law and Order* ter se excedido no reconhecimento do real desvalor das condutas – muito em virtude da necessidade de ser vista como uma doutrina contraposta à criminologia crítica –, abriu espaço para definição hierárquica dos bens jurídicos que necessitam de maior proteção penal, em virtude do elevado valor social que têm, como, por exemplo, a vida e a liberdade sexual, e outros que, muito embora devam ficar ao abrigo do direito penal, não afetam tanto a comunidade, como é o caso do estelionato, furto e dano.

Ocorre que, de modo geral, sob a égide das teorias neoliberais, independentemente do desvalor das condutas, todos os crimes costumeiramente eram submetidos ao mesmo tratamento penal, incoerência que passou a ser foco dos defensores da diversão e que passou a tentar ser remediada, no que tange à grave e à média criminalidade, por medidas processuais penais que, no mais das vezes, acabaram por subtrair direitos e garantias do arguido em troca de um suposto benefício penal.

Nessa tentativa de redefinição hierárquica dos bens jurídicos, partiremos da classificação das condutas feita pela doutrina tradicional que distingue os delitos entre de pequena, de média e de grave criminalidade, para propor uma nova classificação fundada no impacto jurídico-social da conduta e, por isso, menos suscetível à seletividade do sistema penal atual (item 5.1.2, *infra*), propondo-se também uma resposta estatal diferente e, ao nosso ver, mais efetiva e proporcional aos seus desvalores distintos de cada comportamento criminoso.

5.1.1. Pequena criminalidade

A equivocada e excessiva expansão do direito criminal para servir de resposta a muitos problemas sociais pouco relevantes fez com que ele per-

---

[247] Conversa com um abolicionista minimalista. In: *Revista Brasileira de Ciências Criminais*. Ano 6, nº 21, jan./mar., 1998. p. 13 e 16.

desse a sua característica de *ultima ratio*[248] do sistema jurídico, resultando na criminalização de muitas ações que não deveriam ser reguladas pelo direito penal em razão do pequeno impacto social e da diminuta ou inexistente violação aos bens tutelados pelo direito[249].

Por essa razão, como uma maneira de remediar a situação, conforme explica Manuel da Costa Andrade, na generalidade dos países europeus continentais – e também no Brasil – intensificou-se o empenho *"em alargar e diversificar a panóplia de respostas ao desafio específico da pequena criminalidade. Respostas que se têm procurado não só no plano processual como também no plano material substantivo"*[250].

De fato, no âmbito processual penal, o legislador português e o brasileiro adotaram algumas medidas processuais penais para diminuir os efeitos da crescente demanda desses crimes nos tribunais, principalmente por meio da adoção de mecanismos vinculados ao princípio da celeridade nas hipóteses em que não há possibilidade de aplicação de pena restritiva de liberdade[251]. Sobre isso, explica Anabela Miranda Rodrigues: *"o aumento quantitativo experimentado nos últimos decénios por esta forma de delinquência de*

---

[248] Como bem define Juarez Cirino dos Santos, *"a proteção dos bens jurídicos realizada pelo Direito Penal é de natureza subsidiária e fragmentária – e, por isso, se diz que o Direito penal protege bens jurídicos apenas em ultima ratio: por um lado, proteção subsidiária porque supõe a atuação principal de meios de proteção mais efetivos do instrumental sócio-político e jurídico do Estado; por outro lado, proteção fragmentária porque não protege todos os bens jurídicos definidos pela Constituição da República e protege apenas parcialmente os bens jurídicos selecionados para proteção penal"* (Direito Penal: parte geral. 2 ed. Curitiba: ICPC; Lumen Juris, 2007. p. 5).

[249] Como salienta Guilherme de Souza Nucci, no Brasil, *"muitas infrações, ainda que denominadas de menor potencial ofensivo, não têm a menor utilidade e são nitidamente ofensivas à pretensão de se atingir um Direito Penal condizente com o Estado Democrático de Direito"* (Leis penais e processuais penais comentadas. 2ª ed. São Paulo: Revista dos Tribunais, 2007. p. 664). O endurecimento do direito penal decorrente da política criminal neoliberal também foi sentido em Portugal, pois, como revela Anabela Miranda Rodrigues, *"o sistema é cruzado por algumas ambiguidades e incoerências. Basto-me com referir, nesse contexto, o incremento que continua a conhecer a utilização da pena de prisão, mau grado os esforços desenvolvidos para inverter ou, pelo menos, travar, este movimento"* (A propósito da introdução do regime de mediação no processo penal. In: *Revista do Ministério Público*. n. 105, a. 27, Jan./Mar. 2006. p. 129).

[250] Consenso e oportunidade – reflexões a propósito da suspensão provisória do processo e do processo sumaríssimo. In: *Jornadas de direito processual penal – O novo Código de Processo Penal*. Coimbra: Almedina, 1995. p. 320.

[251] Entre elas, em Portugal, podemos destacar a suspensão provisória do processo (artigo 281.º do CPP português), o processo sumaríssimo (artigo 392.º e ss. do CPP português), o arquivamento em caso de dispensa ou isenção da pena (artigo 280.º do CPP português). Já no

pequena e média gravidade – a ponto de se falar dela como um dos fenômenos mais típicos das modernas sociedades –, se não quer provocar a paralização de um sistema judicial que em caso algum prescinde de realizar os seus direitos fundamentais, tem que se submeter o seu tratamento ao princípio da celeridade"[252].

Entretanto, como explica Winfried Hassemer, o incremento de mecanismos de oportunidade e celeridade no processo penal *"no es el instrumento correcto para la* desincriminación. *Ésta pertenece más bien al Derecho Penal material. Sería una burla del sistema, en lo teórico, y políticamente una defraudación de la colectividad, promulgar públicamente en las leyes penales incriminaciones (de bagatelas, por ejemplo) para excluirlas clandestinamente a través del proceso penal"*[253].

Exemplo disso é o efeito negativo da transação penal prevista no Brasil para os crimes de menor potencial ofensivo, pois *"justamente em virtude da facilidade com que se pode chegar a uma solução de pendências (...), perde-se o interesse em 'limpar' o Direito Penal de inúmeras infrações totalmente defasadas e ignoradas pela maioria dos brasileiros"*[254].

Partindo, portanto, da premissa de Hassemer de que o direito processual penal não é o meio adequado para conter a expansão do direito penal – como se tem feito com frequência no Brasil e em Portugal –, qualquer estrutura processual, como a de consenso, que proponha a correção de rumo do sistema penal, deve se orientar no sentido de excluir do seu âmbito de ação as condutas que não devem ser submetidas à coação penal.

Dessa forma, ainda que seja preciso recusar a ideia radical de total desnecessidade do sistema penal, deve-se sustentar a diminuição significativa da intervenção do Estado na matéria penal, de maneira não *revolucionária* – como pretendido anteriormente pela criminologia crítica, principalmente a marxista –, mas pela retomada da ideia de *ultima ratio*.

Assim – e antes de tudo –, essa proposta de processo penal de consenso se sustenta na ideia de retomada de um sistema penal mínimo, a se fazer por meio de uma legislação criminal subsidiária e fragmentária[255], isto é,

Brasil, destacamos a transação penal (art. 76 da Lei nº 9.099/95) e a suspenção condicional do processo (art. 89 da Lei nº 9.099/95).

[252] Os processos sumário e sumaríssimo ou a celeridade e o consenso no Código de Processo Penal. In: *Revista Portuguesa de Ciência Criminal*, ano 6, nº 4, out.-dez/1996. p. 527.

[253] La persecución penal: legalidad y oportunidad. In: *Revista de Derecho Penal*. Ano 2001, n. 2. p. 71.

[254] NUCCI, Guilherme de Souza. *Leis penais e processuais penais comentadas*. 2ª ed. São Paulo: Revista dos Tribunais, 2007. p. 664.

[255] HASSEMER, Winfried. *Ibidem*. p. 71/72.

que proteja tão somente aqueles bens jurídicos que os demais ramos do direito se revelaram ineficazes para tutelar (subsidiário), significando *"que o mecanismo penal não dá proteção total e homogênea a todos os bens jurídicos, mas, sim, uma proteção parcial"*[256] (fragmentário).

Em outras palavras, *"somente se podem punir as lesões de bens jurídicos e as contravenções contra fins de assistência social, se tal for indispensável para a vida em comum ordenada. Onde bastem os meios do direito civil ou do direito público, o direito penal deve retirar-se"*[257].

A proposta minimalista, ensina Sérgio Salomão Shecaira, é *"uma contração do sistema penal em certas áreas para e expansão de outras. Ao mesmo tempo em que se propõe a descriminalização de certos comportamentos, como delitos contra a moralidade pública, delitos cometidos sem violência ou grave ameaça à pessoa, são defendidas intervenções mais agudas nas áreas em que se trabalha com interesses coletivos, tais como saúde e segurança do trabalho"*[258].

A esse respeito, a experiência italiana, classificada por Luis Luisi como *"deflação penal"*, parece-nos ilustrativa. Conforme elucida o autor, a preocupação com a excessiva criminalização vivida no país, levou à revisão da legislação vigente, com a descriminalização e despenalização dos crimes tidos como "bagatelas" e a adoção de diretrizes para o legislador na criação de novos delitos, pautando-se na subsidiariedade do direito penal. Assim, a partir de 1967, pequenos ilícitos penais passaram a ser classificados como ilícitos administrativos, as condutas que apresentavam reprimenda penal de ordem pecuniária foram despenalizadas e as contravenções sofreram processo de descriminalização[259].

Avançando nessa linha, propõe-se excluir do âmbito de proteção criminal as incivilidades que ofendem bens jurídicos satisfatoriamente protegidos por mecanismos não penais, principalmente aqueles praticados sem violência ou grave ameaça, como o consumo de drogas, a pichação, o vandalismo, o dano, as ofensas à honra, condutas que permanecem no ordenamento jurídico penal de diversos países e, alguns, como alvos prin-

---

[256] FRANCO, Alberto Silva (et al.). *O Código Penal e sua interpretação jurisprudencial*. 6. Ed. São Paulo: Editora Revista dos Tribunais, 1997. p. 38.
[257] ROXIM, Claus. *Problemas fundamentais de direito penal*. Lisboa: Vega, 1986. p. 28.
[258] *Criminologia*. 3 ed. São Paulo: Editora Revista dos Tribunais, 2011. p. 365.
[259] LUISI, Luiz. *Os princípios constitucionais penais*. 2. ed. Porto Alegre: Sergio Antonio Fabris, 2002. p. 45.

cipais das instâncias formais de controle em decorrência do programa tolerância zero[260].

Nesse contexto, nos parece que os delitos nomeados de "menor potencial ofensivo", abarcados pela legislação brasileira na Lei nº 9.099/95, não justificam a tutela penal que lhes é dada, justamente em razão do baixo impacto social que ostentam, bem como da existência de outras instâncias *"muito mais sutis e eficazes"*[261] a proteger e reparar o bem tutelado. Excetuadas as poucas hipóteses que envolvem violência ou grave ameaça (ex. lesão corporal leve, constrangimento ilegal), entendemos que a criminalização da maioria das ofensas ali abarcadas não se revela o *"método eficiente" "para assegurar as condições de vida, o desenvolvimento e a paz social, tendo em vista o postulado maior da liberdade e da dignidade da pessoa humana"*[262].

A recondução do direito penal a sua condição de *ultima ratio*, portanto, demandaria a expurgação da tutela penal das condutas de pequena gravidade, representada, no Brasil, em sua grande maioria pelos "crimes de menor potencial ofensivo", lembrando que *"o direito penal não é uma exigência natural, moral, divina ou transcendental de qualquer tipo; é, isto sim, uma opção política com vistas a assegurar a preservação de determinados interesses vitais"*[263] e que, conforme lembra Luiz Luisi acerca das lições de Carl Joseph Anton Mittermaier, a criação de um número exagerado de crimes pelos legisladores, com o objetivo de *"combater qualquer força hostil que se pusesse em contradição com a ordem jurídica"*, manifesta a decadência não só o direito criminal, mas da totalidade da ordem jurídica[264].

---

[260] Acerca da criminalização de condutas por influência da política criminal adotada, ver: AMELUNG, Knut. Contribución a la crítica del sistema jurídico-penal de orientación político--criminal de Roxin. In: SCHÜNEMANN, Bernd; SILVA SÁNCHEZ, Jesús Maria (Apres.). *El sistema moderno del derecho penal*: cuestiones fundamentales; estudios en honor de Claus Roxin en su 50º aniversario. 2 ed. Buenos Aires: B. de F., 2012. p. 259 e ss.

[261] MUÑOZ CONDE, Francisco. *Derecho penal y control social*. Fundación Universitaria de Jerez, 1985, p. 37. Apud: QUEIROZ, Paulo de Souza. *Do caráter subsidiário do direito penal*. Belo Horizonte: Del Rey, 1998. p. 77-78.

[262] PRADO, Luiz Regis. *Bem jurídico-penal e constituição*. 2. ed. rev. e ampl. São Paulo: Editora Revista dos Tribunais, 1997. p.56-60.

[263] QUEIROZ, Paulo. *Funções do direito penal: legitimação versus deslegitimação do sistema penal*. 2. ed. rev., atual e ampl. São Paulo: Editora Revista dos Tribunais, 2005. p.116.

[264] LUISI, Luiz. *Os princípios constitucionais penais*. 2. ed. Porto Alegre: Sergio Antonio Fabris, 2002. p.40.

As diferentes políticas criminais adotadas por diversos países com relação ao consumo de drogas parecem-nos o exemplo mais paradigmático da necessidade e eficiência de um processo de descriminalização das condutas de pequena gravidade. Enquanto os Estados Unidos – centro das teorias neoliberais de combate ao crime – e diversos outros países travam uma ineficaz guerra contra as drogas[265], Portugal, por exemplo, conseguiu reduzir o consumo de entorpecentes pela metade após a descriminalização em 2001[266].

De acordo com estudo publicado em 2009 pelo *Cato Institute*, "*decriminalization has had no adverse effect on drug usage rates in Portugal, which, in numerous categories, are now among the lowest in the EU, particularly when compared with states with stringent criminalization regimes*"[267].

Apenas para exemplificar, Portugal apresenta a menor taxa de usuários de maconha entre os países europeus, da população entre 15 e 64 anos, apenas 8,2% já fez uso da substância[268].

Se comparado com os Estados Unidos, o sucesso da política de descriminalização portuguesa é ainda mais nítido. Se considerados os cidadãos até 21 anos, 54% da população americana já fez uso de maconha[269]. A disparidade também é enorme com relação ao uso de cocaína. Enquanto, 0.9% dos portugueses entre 15 e 64 anos já consumiram cocaína[270] ao menos uma vez, 16,3% dos americanos com até 21 anos já fizeram o mesmo[271].

---

[265] "A 2008 survey of drug usage among Americans found that the United States has the highest level of illegal cocaine and cannabis use in the world". In: Drug decriminalization in Portugal: Lessons for Creating Fairand Successful Drug Policies. p. 25. Disponível em: <http://www.scribd.com/fullscreen/13784156> Acesso em: 20 de fevereiro de 2012.

[266] KAIN, E. D. *Ten Years After Decriminalization, Drug Abuse Down by Half in Portugal*. Disponível em: <http://www.forbes.com/sites/erikkain/2011/07/05/ten-years-after-decriminalization-drug-abuse-down-by-half-in-portugal/> Acesso em: 20 de fevereiro de 2012.

[267] Drug decriminalization in Portugal: Lessons for Creating Fairand Successful Drug Policies. p. 1. Disponível em: <http://www.scribd.com/fullscreen/13784156> Acesso em: 20 de fevereiro de 2012.

[268] Idem. p. 21. Disponível em: <http://www.scribd.com/fullscreen/13784156> Acesso em: 20 de fevereiro de 2012.

[269] Idem. p. 27. Disponível em: <http://www.scribd.com/fullscreen/13784156> Acesso em: 20 de fevereiro de 2012.

[270] Idem. p. 24. Disponível em: <http://www.scribd.com/fullscreen/13784156> Acesso em: 20 de fevereiro de 2012.

[271] Idem. p. 27. Disponível em: <http://www.scribd.com/fullscreen/13784156> Acesso em: 20 de fevereiro de 2012.

A bem sucedida experiência portuguesa está baseada em um programa de sanções não penais. O uso de todos os tipos de drogas foi descriminalizado, mas não legalizado, o que significa dizer que aos usuários pode ser aplicada uma coima[272] (artigo 15 da Lei nº 30/2000) ou outras sanções não pecuniárias (artigos 17 e 18 da Lei nº 30/2000), sendo certo que o processo pode ser suspenso provisoriamente nos casos em que o consumidor aceitar submeter-se ao tratamento médico (artigos 11 da Lei nº 30/2000).

Ao contrário de países que tratam os dependentes químicos como criminosos, Portugal estabeleceu uma política social de tratamento dos mesmos, o que resultou não só no decréscimo do número de usuários, como também na diminuição das *"drug-related pathologies — such as sexually transmitted diseases and deaths due to drug usage"*[273].

A diminuição no número de doenças relacionadas ao consumo de drogas está diretamente relacionada à descriminalização do consumo, pois foi superada *"the most substantial barrier to offering treatment to the addict population, the addicts' fear of arrest"*[274].

Pelo exemplo português, parece-nos evidente a necessidade de revisão dos bens jurídicos tutelados, uma vez que o direito penal não se mostra, a nosso ver, a ferramenta adequada para solucionar diversos problemas sociais, especialmente *incivilidades*. A criminalização dessas condutas, por muitas vezes, acaba agravando a situação, como se percebe pelo aumento das doenças decorrentes do uso de drogas em virtude do medo que os usuários têm de serem presos ao procurarem por ajuda médica.

E não foi diferente a conclusão do estudo desenvolvido pelo *Cato Institute*: *"Around the world, it is apparent that stringent criminalization policies do not produce lower drug usage rates. If anything, the opposite trend can be observed. The sky-high and increasing drug usage rates in the highly criminalized United States, juxtaposed with the relatively low and manageable rates indecriminalized Portugal, make a very strong case for that proposition"*[275].

---

[272] Sanção peciniária de cunho administrativo.
[273] Idem. p. 1. Disponível em: <http://www.scribd.com/fullscreen/13784156> Acesso em: 20 de fevereiro de 2012.
[274] Idem. p. 8. Disponível em: <http://www.scribd.com/fullscreen/13784156> Acesso em: 20 de fevereiro de 2012.
[275] Idem. p. 27. Disponível em: <http://www.scribd.com/fullscreen/13784156> Acesso em: 20 de fevereiro de 2012.

BASES PARA A CONSTRUÇÃO DE MODELOS PROCESSUAIS DE CONSENSO

Assim, a proposta de uma orientação de todo o sistema penal pelo consenso está fundada na descriminalização de incivilidades, pois, de outra maneira, relembrando as palavras de Hassemer[276], o consenso representaria mais uma forma de *burlar o sistema* e *enganar a coletividade*. Portanto, muito embora a mediação, modelo processual penal de consenso voltado para a criminalidade média[277], também pudesse ser aplicada aos pequenos delitos, consideramos equivocada tal solução, pois é contraposta à ideia de intervenção mínima, defendida nesse trabalho.

5.1.2. Média criminalidade

Conforme já mencionado acima, a definição hierárquica dos bens jurídicos é feita, tanto no Brasil como em Portugal, exclusivamente em função da quantidade de pena restritiva de liberdade cominada para a conduta, sendo considerados mais graves aqueles crimes que preveem uma pena de prisão mais elevada.

O Brasil não faz uma divisão clara entre criminalidade média e grave, distinguindo apenas a pequena criminalidade, consubstanciada nas infrações de menor potencial ofensivo, isto é, com pena restritiva de liberdade de até dois anos (artigo 61 da Lei nº 9.099/95), delitos que, como sustentado acima, entendemos que deveriam ser descriminalizados (item 5.1.1, *supra*). Contudo, considerando que as penas restritivas de liberdade de até quatro anos permitem a substituição por restritivas de direitos (artigo 44, I, do Código Penal brasileiro) e a fixação do regime de cumprimento de pena no regime aberto (artigo 33, §2º, al. "c", do Código Penal brasileiro), além de ser vedada a prisão cautelar nos crimes com pena máxima de até quatro anos (artigo 313, I, do Código de Processo Penal brasileiro), entendemos ser esse o limite da média criminalidade no país.

Em outros países a divisão é mais facilmente percebida. Em Portugal, por exemplo, a criminalidade média se refere aos delitos punidos com até cinco anos de prisão[278]. Isso fica evidente no limite fixado legalmente

---

[276] La persecución penal: legalidad y oportunidad. In: Revista de Derecho Penal. Ano 2001, n. 2. p. 71.
[277] Acerca desses temas, ver itens 5.1.2, *infra*, e 6.1, *infra*.
[278] Como defendemos acima a descriminalização da denominada pequena criminalidade, não nos parece lógico sustentar a existência de uma divisão entre pequena e média criminalidade. De toda forma, para Jorge de Figueiredo Dias, as penas privativas de liberdade de

para a aplicação suspensão provisória do processo (artigo 281.º do CPP), o processo sumaríssimo (artigo 392.º e ss. do CPP) e a fixação da competência pelo método da determinação concreta da pena (artigo 16.º, n.º 3, do CPP), todos possíveis para crimes puníveis com pena de prisão não superior a 5 anos[279.]

No entanto, conforme já adiantamos (item 5.1, *supra*), guardamos certas restrições quanto a este critério tradicional para definição da gravidade do delito, uma vez que se baseia exclusivamente na quantidade de pena cominada pelo legislador, desconsiderando, por completo, os diversos interesses extra penais envolvidos na determinação da punição aplicável à conduta, como, por exemplo, os interesses dos grupos dominantes da sociedade.

Por isso, entendemos que os pressupostos que pautam a atual classificação e graduação hierárquica do delito merecem ser revistos, de modo a evitar que uma conduta seja mais duramente punida por razões que não guardem relação à gravidade com que atinge os bens jurídicos tutelados e afetam a coletividade.

Portanto, propomos uma nova distinção entre o que se convencionou de média e grave criminalidade, completamente dissociada do *quantum* da pena, mas relacionada ao tipo de pena aplicada à conduta, constituindo o rol da média criminalidade todas aquelas para as quais não seja cominada pena restritiva de liberdade.

A mudança de paradigma na avaliação da gravidade do delito – baseada no impacto jurídico-social da conduta e na consequente qualidade da pena aplicada a ela – parece-nos salutar por diversos aspectos.

O primeiro benefício que enxergamos é a possibilidade de eliminar – ou ao menos mitigar – a seletividade do sistema penal. A cominação da pena de prisão para quase todos os delitos permite que as instâncias formais de controle ajam de maneira seletiva, punindo com penas restritivas de liber-

---

curta duração são aquelas não superiores a 6 meses, de modo que os delitos apenados com esse limite correspondem à pequena criminalidade. (*Direito Penal Português: as consequências jurídicas do crime*. Coimbra: Coimbra, 2011. p. 106/107).

[279] Além disso, com relação ao processo sumário, o Tribunal Constitucional julgou inconstitucional a alteração legislativa que retirou o limite de pena de prisão de até cinco anos, englobando quase todos os delitos com pena superior, justamente por entender que as limitações de garantias fundamentais desse procedimento são incompatíveis com a criminalidade grave (Acórdão n 428/2013, da 3.ª Secção do Tribunal Constitucional, Rel. Conselheiro Carlos Fernandes Cadilha).

dade, a população excedente[280] e os crimes de rua, normalmente atribuídos à população de baixa renda, enquanto os crimes financeiros, quando punidos, o são com penas alternativas[281], desproporcionalidade esta que seria evitada com a eliminação da prisão para os delitos de média gravidade.

O segundo benefício que entendemos existir nessa proposta de critério para definição hierárquica dos bens jurídicos é a mitigação dos efeitos negativos da pena de prisão.

[280] As estatísticas penitenciárias indicam que, no Brasil, em 2009, 91% da população carcerária era composta por pessoas com ensino médio incompleto ou inferior. Da mesma forma, em Portugal, no ano de 2006, 86% da população carcerária era composta por pessoas com grau de escolaridade básico ou inferior. Isso se deve à disparidade no tratamento dado pelo sistema penal aos crimes normalmente praticados pelas classes mais baixas quando comparados aos crimes de colarinho branco nos casos em que as condutas possuem o mesmo desvalor. (Dados brasileiros disponíveis em: <file:///C:/Users/Marcelo%20Feller/Downloads/DadosConsolidados2008.pdf>, acesso em 03 de setembro de 2014. Dados portugueses disponíveis em: < Disponível em: <http://www.dgsp.mj.pt/backoffice/uploads/relatorioestatistico/200801290 40134Relatorioestatistico2006[1].pdf>, acesso em 09 de Setembro de 2013).

[281] Um exemplo dessa seletividade é o tratamento dado aos autores do crime de furto em comparação àqueles que praticaram delitos fiscais. Muito embora as duas condutas sejam praticadas sem violência ou grave ameaça, tenham como objetivo auferir vantagem patrimonial e possam ser revertidas pelo ressarcimento do bem ou quantia, sem qualquer outro prejuízo às vítimas ou à sociedade, a intervenção penal é muito mais recorrente e severa na punição do furto. No Brasil, enquanto 16% da população carcerária masculina de 2009 estava presa em razão da prática do crime de furto, o crime de sonegação fiscal tem a punibilidade extinta com o pagamento da dívida (art. 9º, §2º, da Lei nº 10.684/03) (Dado disponível em: <file:///C:/Users/Marcelo%20Feller/Downloads/DadosConsolidados2008.pdf>, acesso em 03 de setembro de 2014). Em Portugal, de acordo com as estatísticas da Direção Geral dos Serviços Prisionais, em 2006, 15,6% da população carcerária estava presa pelo crime de furto, índice muito superior ao do número de pessoas encarceradas pela prática da somatória de todos os crimes fiscais tipificados nos artigos 87.º e seguintes do Regime Geral das Infrações Tributárias, cujo percentual é tão irrelevante que sequer aparece nas estatísticas oficiais. Em números absolutos, 1519 pessoas estavam presas por furto, enquanto que, de acordo com os dados da Direcção-Geral de Impostos da Polícia Judiciária, somando-se todos os crimes fiscais entre os anos de 2000 e 2006, a pena de prisão não suspensa ou substituída foi imposta a apenas 109 pessoas, sendo 15 em 2006. (Dados disponíveis em: < Disponível em: <http://www.dgsp.mj.pt/backoffice/uploads/relatorioest atistico/20080129040134Relatorioestatistico2006[1].pdf> e <https://www.google.com.br/url?sa=t&rct=j&q=&esrc=s&source=web&cd=2&ved=0CDUQFjAB&url=http%3A%2F%2Finfo.portaldasfinancas.gov.pt%2FNR%2Frdonlyres%2F7438DA99-3BD1-4548-9608-D529801D95FB%2F0%2F12_02_07_PJ_001.pps&ei=IiQuUsi_HIaA9QSA5oCQAQ&usg=AFQjCNGUWrgtDAfumd0Xhbute_auUKVc5w>. Ambos acessados em 09 de Setembro de 2013.

Não obstante a pena de prisão tenha sido uma importante conquista iluminista para a substituição dos suplícios (penas corporais, forca, pelourinho, entre outras)[282], não se pode perder de vista que, nas palavras de Michel Foucault, *"um sistema penal deve ser como um instrumento para gerir diferentemente as ilegalidades, não para suprimi-las todas"*[283].

Não por outra razão, a cominação legal da pena de prisão para quase todos os crimes e a sua ampla aplicação, principalmente contra a população excluída, começou a evidenciar a incapacidade dessa sanção em reabilitar o autor do delito.

O cotidiano da vida prisional, invariavelmente, *"segrega o indivíduo do seu estatuto jurídico normal, atinge a personalidade, favorece a aprendizagem de novas técnicas criminosas e propõe valores e normas contrários aos 'oficiais'"*, o que resulta não só na *"dessocialização como também cria problemas e dificuldades ulteriores, quando se perspectiva o regresso do recluso à comunidade"* [284].

Assim, o sistema de penas privativas de liberdade resulta na estigmatização e na degradação do condenado. Retomando o conceito de *cerimônias degradantes* desenvolvido por Garfinkel, teórico do *labeling approach*, o julgamento e a execução da pena são procedimentos ritualizados em que o delinquente é despojado de sua identidade e recebe outra degradada[285].

Além disso, os séculos de aplicação da pena de prisão desmistificaram o seu efeito dissuasório com a constatação de que o aumento na rigidez da pena e na sua execução não evita a prática de novos crimes. Como observa Alberto Silva Franco ao analisar a variação das taxas de criminalidade relativas aos delitos hediondos praticados no Brasil após o endurecimento da

---

[282] Nesse sentido, Raúl Cervini: *"no século XVIII (...) o fim das monarquias absolutas leva consigo a pena de norte e as penas corporais, que passam a ter, nos países em que sobrevivem, uma função secundária. Nesse contexto, a pena de prisão passa a ocupar o amplo espaço que aquelas deixaram vago. Nos últimos anos das Luzes produzem-se duas mudanças fundamentais: no âmbito político, a consagração da Revolução Francesa dos Direitos Humanos e no socioeconômico, o desenvolvimento do maquinismo. A prisão constituir-se-á, então, na pena 'própria dos países civilizados'. Não se deve esquecer que também influi no desenvolvimento da prisão a mudança que o Iluminismo opera na sensibilidade coletiva. O espírito iluminista já não suportava as sangrentas penas-espetáculos medievais"* (Os processos de descriminalização. 2 ed. São Paulo: Revista dos Tribunais, 2002. p. 44/45).

[283] *Vigiar e Punir*. 22. ed. Petrópolis: Vozes, 2000. p. 75.

[284] RODRIGUES, Anabela Miranda. *Novo olhar sobre a questão penitenciária: Estatuto jurídico do recluso e socialização, jurisdicionalização, consensualismo e prisão*. Coimbra: Coimbra, 2000. p. 158/159.

[285] DIAS, Jorge de Figueiredo; ANDRADE, Manuel da Costa. *Criminologia: o homem delinqüente e a sociedade criminógena*. 2 Ed. Editora Coimbra: Coimbra, 1997. p. 350.

intervenção penal em 1990, "os índices crescem, se estabilizam ou se reduzem com total indiferença em relação ao maior poder punitivo atribuído à legislação penal, que só serve, em verdade, para atender ao efeito puramente simbólico, sem nenhuma repercussão no campo da eficácia"286.

O mesmo acontece em Portugal. Também no país europeu, a intervenção penal não consegue diminuir o crescimento da criminalidade, o que demonstra a sua inaptidão de dissuadir os demais membros da sociedade a não praticar condutas criminalizadas. De acordo com os dados da Associação Portuguesa de Apoio à Vítima (APAV) para o ano de 2012, *"O crime de ofensa à integridade física simples sofreu um aumento de 34,3% face a 2011, passando de 376 registos para 504. O crime de ameaça aumentou cerca de 30%, entre 2011 e 2012". "Na categoria dos crimes contra o estado, o crime de abuso de poder/autoridade (57,1%) teve um grande ascendente face aos restantes crimes desta categoria, tendo ainda sofrido um aumento percentual face a 2011 de 155%". "O aumento dos crimes contra o património relativamente ao ano de 2011, foram particularmente significativos, designadamente quanto ao crime de dano com 107 casos em 2012, face a 44 casos em 2011; relativamente ao crime de abuso de confiança que passou de 22 registos em 2011 para 91 em 2012 (aumento de 313%)". "Finalmente o crime de difamação foi também alvo de uma subida percentual na ordem dos 39%, entre 2011 e 2012"*287.

Dessa forma, todas as propostas de racionalização da pena de prisão restaram frustradas em razão da desmistificação da ideia de ressocialização do delinquente por meio do encarceramento288, bem como pela verificação empírica de que a pena restritiva de liberdade é incapaz de prevenir novos delitos. Portanto, o que se tem nos dias de hoje é um sistema penal *"estéril, pois não transforma; ao contrário, é irracional, porque destrói e aniquila o condenado"*289.

Por todos esses motivos, o movimento de descriminalização buscava reduzir ao máximo a intervenção penal, justamente para evitar que trou-

---

[286] *Crimes hediondos*. 7 ed. São Paulo: Editora Revista dos Tribunais, 2011. p. 819.
[287] Estatísticas APAV: Relatório Anual 2012, p. 08/10. Disponível em: <http://apav.pt/apav_v2/images/pdf/Estatisticas_APAV_Totais_Nacionais_2012.pdf>, acesso em 02 de Setembro de 2013.
[288] Sobre o tema, Raúl Cervini discorre detalhadamente acerca do que denomina *"o fracasso da ideologia do tratamento ressocializador"* (Ob. cit. p. 35 e ss.).
[289] SHECAIRA, Sérgio Salomão. *Criminologia*. 3 ed. São Paulo: Editora Revista dos Tribunais, 2011. p. 357/358. p. 373.

xesse maiores danos do que benefícios à sociedade. Entretanto, o que nos parece mais correto, não é o afastamento do direito penal e de seu poder de coação do tratamento de condutas que afetam de maneira significativa os valores sociais, mas sim a desvinculação do conceito de sistema penal com o de pena restritiva de liberdade.

Em outras palavras, "é perfeitamente admissível no plano racional romper com a certeza da pena sem abalar a previsibilidade da intervenção penal" e "atribuir às decisões penais um papel positivo de solucionar os conflitos sem ter que, necessariamente, recorrer à punição aflitiva"[290].

Assim, da mesma forma como a prisão representou uma evolução com relação às penas corporais, entendemos necessária a continuidade desse processo evolutivo, a fim de se buscar alternativas que consigam, de fato, reestabelecer a paz jurídica e social estremecida pelo crime, englobando, na medida do possível, os interesses da sociedade, vítima e ofensor.

E é nesse espaço que o processo de consenso ganha relevo. Após a redefinição hierárquica dos bens jurídicos por meio da não cominação de pena restritiva de liberdade para os delitos incluídos no que costumeiramente se denomina média criminalidade, os mecanismos de consenso atuariam para integrar as partes, possibilitando a aproximação dos envolvidos e a busca da solução mais adequada para o caso concreto.

Para tanto, consideramos equivocado fixar na legislação uma única ou um rol de penas[291] não privativas de liberdade a serem aplicadas indistintamente à variedade de condutas criminalizadas que, como sustentam os abolicionistas, nada têm em comum[292], e representam, historicamente,

---

[290] SICA. Leonardo. *Direito penal de Emergência e alternativas à prisão*. São Paulo: Revista dos Tribunais, 2002. p. 108.

[291] Quando se fala de fixação legal da pena, faz-se no sentido de tipos de pena (prisão, trabalho comunitário, etc.), não na sua extensão (quantos anos de prisão). É importante fazer essa observação para que não se confunda o que está sendo dito com o conceito de "pena fixa", que, segundo Jorge de Figueiredo Dias, vigia na primeira legislação penal fruto da Revolução Francesa. Segundo o autor, a lei determinava com exatidão a quantia e extensão da pena, sem deixar qualquer margem de discricionariedade para o juiz. Assim, por exemplo, para todos os crimes de homicídio era cominada legalmente uma pena idêntica, a qual deveria ser obrigatoriamente imposta pelo magistrado que se limitava a atestar a materialidade e autoria do delito. Inexistia uma moldura legal com o mínimo e o máximo da pena a ser determinada pelo juiz. (DIAS. Jorge de Figueiredo. *Direito Penal Português: as consequências jurídicas do crime*. Lisboa: Aequitas; Editorial notícia, 1993. p. 186/187).

[292] Como já dito acima, não obstante se dê razão aos abolicionistas no que tange à inexistência de elementos comuns entre as condutas criminalizadas, temos posição divergente no

um meio de seleção social. A nosso ver, é preciso retomar a ideia de Foucault de *gerir diferentemente as ilegalidades*.

Nesses espaços de consenso sem prévia cominação de pena específica para o delito, no entanto, entendemos essencial o Estado manter a função de limitar as formas de punição – evitando os excessos e respeitando os limites da culpa, um dos binômios do modelo da medida da pena[293] – e resguardar as garantias fundamentais do arguido.

Portanto, a nosso ver, nos crimes em que não incida a pena de prisão, o consenso serviria como elemento conciliador para restaurar a relação entre os envolvidos, quebrada pela prática do delito, sem, contudo, deixar de cumprir a finalidade tradicional de prevenção que detém o direito penal.

Explicou-se até agora as razões pelas quais entendemos não dever-se aplicar à média criminalidade a pena de prisão e que, para determinação desses delitos, é equivocado se basear na pena cominada pelo legislador para as condutas, devendo-se considerar apenas o impacto jurídico-social da ação. Resta, portanto, analisarmos o critério proposto para enquadrar os delitos entre aqueles que não devem ser punidos com pena restritiva de liberdade.

A resposta é simples: todos aqueles praticados sem violência ou grave ameaça física, psicológica ou moral.

A escolha por esses delitos se dá por dois motivos específicos. O primeiro é o de que essas condutas não denotam excessiva periculosidade do agente a ponto de ser necessária a sua exclusão social por meio da aplicação de pena privativa de liberdade, isto é, a natureza do delito faz com que a liberdade da pessoa não coloque em risco a sociedade, que, em decorrência dos efeitos negativos da prisão, acaba por ser mais prejudicada em médio prazo com o encarceramento do autor do delito. O segundo é colocar fim, ou pelo menos minimizar, o problema da seletividade do sistema penal, uma vez que, independentemente de praticadas por ricos ou pobres,

---

que se refere as consequências disso. Enquanto os abolicionistas partem disso para negarem a necessidade da intervenção penal estatal, acreditamos que deva ser construído um direito penal que trate sancione adequadamente cada delido, levando em consideração as suas especificidades, além da culpa e exigência de prevenção.

[293] *"culpa do agente, dá-se tradução à exigência de que a vertente pessoal do crime – ligada ao mandamento incondicional de respeito pela eminente dignidade da pessoa do agente – limite de forma inultrapassável as exigências de prevenção"* (DIAS. Ob. cit. 1993. p. 214/215).

todas as condutas sem violência ou grave ameaça não seriam passíveis de prisão, evitando que o sistema penal puna mais gravemente os excluídos.

Além disso, as sanções pecuniárias ou restritivas de direitos não são sinônimos de penas brandas. Por certo que crimes que abalem consideravelmente o bem jurídico protegido e atinjam profundamente a vítima e a sociedade devem ser punidos com o rigor adequado, tanto por multas elevadas, como por penas alternativas que pela quantidade, qualidade e longevidade possam dar à comunidade a resposta esperada e ao agente oportunidade de se regenerar.

Ainda, as penas alternativas à prisão permitem a aplicação de uma sanção compatível com o bem jurídico violado. É dizer: os crimes financeiros, por exemplo, podem ser punidos com penas pecuniárias fixadas em patamares que desestimulem a sua prática e/ou, dependendo da conduta, com o afastamento do autor do cargo ou função atrelado ao ato ilícito, trazendo maior efetividade à resposta estatal ao crime e *gerenciando* melhor o problema causado pelo crime.

Desse modo, entendemos que a solução apresentada, além de atender às exigências de prevenção, pois há punição, também é benéfica para a vítima, que terá seus interesses considerados, e para o desviante, que não será submetido às cerimonias degradantes do sistema penal tradicional e terá a oportunidade de se reintegrar à comunidade sem o estigma de criminoso, normalmente atrelado pela sociedade a quem vai preso.

A nosso ver, inexistindo violência ou grave ameaça, o encarceramento, independentemente da conduta em si praticada, mostra-se desnecessário e desproporcional, pois, considerando todos os malefícios da prisão acima demonstrados, é recomendável a sua substituição por penas alternativas e socializadoras, as quais podem auxiliar na pacificação da relação do criminoso com a comunidade.

Diante disso, conclui-se, que é um equívoco pensar na prisão como a solução para o problema do crime sem violência ou grave ameaça, até porque é utópico imaginar que condutas tão diversas podem ser reparadas e solucionadas por um modelo único de punição. Seja qual for a qualidade do crime (de rua ou não), parece-nos que a resposta dada pelo sistema penal atualmente não soluciona o problema causado pelo delito e muitas vezes o piora. A prisão devolve à sociedade um cidadão sem perspectiva, tornando-o mais afeito à possível reincidência futura, o que não traz qualquer benefício à sociedade, pelo contrário, só prejuízo.

Por outro lado, o afastamento do direito penal e da prisão, meio clássico de resolução do problema causado pela conduta criminalizada, abriria espaço para o diálogo entre as partes e a busca consensual, conjunta, de diferentes penalidades para condutas distintas, cada qual adequada para solucionar, da melhor forma possível, a tensão social decorrente de uma ou outra ação.

Assim, entendemos ser imprescindível e pressuposto para o desenvolvimento de espaços de consenso eficientes a não cominação da pena de prisão para os delitos praticados sem violência ou grave ameaça, pois, só assim, as partes terão maior liberdade para dialogarem, apresentarem ideias e buscarem, em conjunto, uma punição justa e benéfica tanto para sociedade, como para os envolvidos diretos.

5.1.3. Grave criminalidade

Por decorrência lógica, na proposta que se apresenta, deve-se inserir na denominada criminalidade grave os delitos praticados com violência e grave ameaça, para os quais entendemos ser **possível** a cominação de pena de prisão. Isso porque, não obstante tenhamos sérias críticas à prisão – conforme já exposto nesse trabalho –, entendemos que para **alguns** delitos dessa natureza, ainda não se encontrou alternativa para atender às exigências de prevenção geral positiva relacionadas à conduta, de modo que a prisão se torna *"o quantum de pena indispensável para que se não ponham irremediavelmente em causa a crença da comunidade na validade de uma norma e, por essa via, os sentimentos de confiança e segurança dos cidadãos nas instituições jurídico-penais"*[294].

No entanto, antes de tudo, é preciso sublinhar que a definição de criminalidade grave é meramente teórica, nada impedindo que condutas praticadas com violência ou grave ameaça tenham, dependendo das características do caso concreto, o mesmo tratamento da criminalidade média, até porque, o que se pretende evitar, como dito acima, é justamente o inverso, isto é, que crimes sem violência ou grave ameaça tenham tratamento mais gravoso, por opção do legislador, trazendo seletividade ao sistema penal.

---

[294] DIAS. Jorge de Figueiredo. *Direito Penal Português: as consequências jurídicas do crime.* Lisboa: Aequitas; Editorial notícia, 1993. p. 242/243.

Entendemos, assim, que, a pena privativa de liberdade para os crimes violentos é apenas uma possibilidade, ou melhor, uma exceção a ser utilizada nas hipóteses em que a liberdade do desviante ofereça elevado risco à sociedade, impossível de ser mitigado por alternativa menos gravosa. Para os demais casos, nada obsta que o Ministério Público, sob controle judicial, ao se deparar com uma conduta que, apesar de apresentar violência na ação, não justifique uma prisão, possa remeter os autos para que sigam o trâmite dos delitos de média criminalidade, nos mesmos moldes que já acontece nos casos de processo sumaríssimo português (detalhado acima, item 4.1), que somente é adotado quando, para os crimes com pena de até 5 anos de prisão, se verifica previamente que não será concretamente aplicada pena ou medida de segurança privativas da liberdade[295].

Além disso, a nosso ver, é viável que a lei não comine pena de prisão para determinados crimes praticados com violência ou grave ameaça nas hipóteses em que, ainda que abstratamente, não justifiquem o encarceramento do indivíduo (pelos critérios de culpa, prevenção geral e especial), como entendemos ser o caso da lesão corporal leve.

No nosso entendimento, portanto, é de que a prisão somente pode ser admitida nas hipóteses de crime praticado com violência ou grave ameaça e, mesmo nesses casos, deve ser aplicada excepcionalmente, uma vez que os já mencionados efeitos negativos dessa pena devem ser considerados para restringi-la ao máximo, devendo ser suportada unicamente quando a sociedade e o bem jurídico tutelado não consigam ser protegidos de maneira diversa.

Voltando, então, à diferenciação proposta, entendemos que a prática de um crime com violência ou grave ameaça se diferencia dos que não possuem esse desvalor na ação porque comportam algumas condutas que transmitem à população o medo de sair às ruas, faz com que se tornem prisioneiros de suas próprias casas, pois colocam em risco os bens mais preciosos de qualquer cidadão, quais sejam, a vida, a integridade física e moral, a dignidade sexual, entre outros. O medo causado pelo crime violento não é absorvido pelas pessoas, pelo contrário, em aliança com o tempo, torna-se fator de tortura psicológica, uma vez que todos pensam ser a próxima vítima.

---

[295] Artigo 392.º, n.º 1, do Código de Processo Penal português.

Dessa forma, quando os crimes praticados com violência ou grave ameaça possuem um grande desvalor tanto na ação, como nas consequências, considerando a magnitude da lesão ao bem jurídico e dos danos e sequelas sociais, entende-se possível a aplicação da pena de prisão se a liberdade do ofensor oferecer demasiado risco aos demais cidadãos.

Ainda, para sustentar a necessidade da intervenção penal mais gravosa nos delitos dessa natureza, é imprescindível enfrentar a questão das *cifras negras*[296]. Isso porque, mesmo para os crimes praticados com violência e grave ameaça, abolicionistas radicais reabilitaram as *cifras negras* para defender a ineficácia da intervenção estatal na tentativa de amenizar o problema causado pelo delito, pois argumentam que, como a maioria dos delitos praticados não são submetidos às instâncias formais de controle[297], quase todos os eventos criminalizados são solucionados pelos mecanismos de controle informal (escola, família, religião, etc.)[298], evidenciando a desnecessidade do sistema penal.[299]

Entretanto, apesar de ser correto afirmar que muitos crimes não são submetidos ao sistema penal – o que, por si só, é uma grave constatação –, muito em razão do descaso das vítimas que não se sentiram ofendidas pela violação ou por descrédito no sistema penal, isso não permite concluir que, necessariamente, todos os problemas são absorvidos e solucionados pela comunidade.

Existem muitos outros motivos para um fato não ser informado às instâncias formais de controle, como, por exemplo, o constrangimento da vítima nos crimes contra a liberdade sexual, o medo da mulher nos deli-

---

[296] De acordo com Jorge de Figueiredo Dias e Manuel da Costa Andrade, *"tanto se pode falar de* cifras negras *a propósito da diferença entre a criminalidade 'real' e a criminalidade* conhecida pela polícia, *como estre esta última e a que vem a ser transmitida à acusação"* (*Criminologia: o homem delinqüente e a sociedade criminógena*. 2 Ed. Editora Coimbra: Coimbra, 1997. p. 133, nota 98).

[297] Nas palavras de Louk Hulsman, *"a efetiva criminalização é um fato raro e excepcional"* (Alternativas à Justiça Criminal. *In:* PASSETTI, Edson (org). *Curso Livre de Abolicionismo Penal*. Rio de Janeiro: Revan, 2004.p. 49).

[298] *Idem. Ibidem.* p. 50.

[299] Como aponta Sérgio Salomão Shecaira acerca do pensamento abolicionista, *"já vivemos numa sociedade sem direito penal. A criminalidade efetiva, ou conhecida, é um evento raro e excepcional diante da cifra negra altíssima, que, em alguns casos, chega a 90%. Todas as demais 'situações problemas' são resolvidas fora da justiça criminal, o que demonstraria a desnecessidade de uma intervenção tão radical"* (*Criminologia*. 3 ed. São Paulo: Editora Revista dos Tribunais, 2011. p. 369).

tos de violência doméstica, a dificuldade de apuração em crimes de alta complexidade ou sem vítima definida (ex.: terrorismo).

Nesses casos, muitas das vezes, os efeitos negativos da conduta criminalizada perdurarão indefinidamente, seja na sociedade (são inegáveis as consequências mundiais do atentado terrorista de 11 de setembro de 2001), seja, em outros casos, dentro da própria vítima, aprisionada em seu medo ou vergonha, o que pode desencadear problemas psicológicos e a disseminação do sentimento de insegurança e impunidade na população, principalmente na parcela mais próxima do ofendido, que mais facilmente terá notícia da conduta praticada.

Em hipóteses como essas, é difícil imaginar que, só porque o fato não chegou ao conhecimento das instâncias formais de controle, seus efeitos negativos foram solucionados pela comunidade. Assim, se os efeitos danosos do crime existem e não são sempre absorvidos socialmente, não se deve, ao que parece, falar em abolição do sistema penal, mas sim de uma reestruturação que consiga diminuir sensivelmente as *cifras negras* e pacificar as relações sociais.

Para focarmos apenas nos crimes que, como dito acima, considera-se com maior desvalor, por serem praticados com violência ou grave ameaça, deve-se ressaltar a sua representatividade entre a população carcerária, uma vez que, considerando apenas os crimes de homicídio (12%), latrocínio (3%) e roubo (29%), representam 44 % dos detentos brasileiros em 2009[300].

Desse modo, ainda que alguns crimes não tenham chegado ao conhecimento das instâncias formais de controle – o que precisa ser revertido –, é importante que aqueles descobertos sejam averiguados e solucionados, haja vista o elevado desvalor da conduta e as suas danosas consequências sociais.

Tudo isso importa para a construção de espaços de consenso na medida em que não podem ser os mesmos para os delitos praticados com violência ou grave ameaça e os que não são, pois a maior gravidade da conduta justifica o afastamento da vítima da relação jurídica, abrindo maior espaço

---

[300] Caso sejam desconsideradas as prisões pela prática dos crimes relativos a estupefacientes (20%), punidos atualmente em larga escala em razão de uma discutível política criminal mundial de combate às drogas iniciada nos Estados Unidos durante a vigência do *Law and Order*, a porcentagem de presos que praticaram roubo, homicídio e latrocínio é ainda mais significativa. Disponível em: <file:///C:/Users/Marcelo%20Feller/Downloads/DadosConsolidados2008.pdf>, acesso em 03 de setembro de 2014.

para o Estado, que tem o dever de tutelar e garantir os bens jurídicos e reestabelecer a paz social, *"em nome da sobrevivência da própria comunidade"*[301].

Portanto, entendemos que a construção de espaços de consenso deve, obrigatoriamente, respeitar as diferenças que há entre os delitos que afetam com maior intensidade a vítima direta e os que clamam por uma maior intervenção estatal – o que não se conseguiu atingir exclusivamente pela *diversão* – e, em ambos os casos, estimulando o diálogo entre as partes e a horizontalidade das relações, visando o reestabelecimento do laço social rompido pelo crime e a diminuição da estigmatização do desviante, circunstância esta importantíssima para que realmente o problema decorrente da conduta delituosa seja superado por todos e do qual se passa a tratar.

5.2. A preocupação com a estigmatização do desviante: a redefinição das relações dos sujeitos processuais

Conforme já tratado acima, entendemos que o modo com que o sistema penal atual trata o criminoso, além de não conseguir recuperá-lo, submete-o, seja no curso do processo, seja no cumprimento de pena, à indevida estigmatização. Parece-nos, como se passa a demonstrar, ser o consenso um mecanismo apto a mitigar esse efeito.

Por herança do *Law and Order*, criou-se um modelo em que a aplicação da pena tem como única finalidade a imposição de um castigo, despido de qualquer preocupação com o desviante, seja ao longo das ditas cerimônias degradantes do processo e da execução da pena, seja com a sua recuperação.

Do modo como estruturado atualmente, o sistema penal se tornou uma máquina de produzir dor, em outras palavras, não há mais a preocupação de recuperar ou reeducar o delinquente, *"those who are punished are supposed to suffer. (...). It is intended within penal institutions that those at the receiving end shall get something that makes them unhappy, something that hurts. Crime control has become a clean, hygienic operation"*[302].

---

[301] SANTOS, Claudia. A mediação penal, a justiça restaurativa e o sistema criminal – algumas reflexões suscitadas pelo anteprojeto que introduz a mediação penal "de adultos" em Portugal. In: *Revista Portuguesa de Ciência Criminal*, ano 16, nº 1, jan.-mar./2006. p. 89.
[302] CHRISTIE, Nils. *Limits to pain*. Eugene: Wipf & Stock, 2007. p. 16.

De certa forma, a execução da pena nos moldes atuais é quase uma regressão às penas corporais, pois sua única funcionalidade é trazer sofrimento físico e moral ao condenado. Nesse sentido, não são raras as decisões do Tribunal Europeu dos Direitos do Homem que reconhecem a violação à Convenção em virtude do tratamento dispensado aos prisioneiros.

Ao analisar o sistema carcerário e punitivo dos países ocidentais, Sérgio Salomão Shecaira faz uma triste constatação: *"o ensinamento disciplinar, tão importante no início do movimento de substituição das penas corporais pelo sistema prisional, não tem mais sentido na sociedade pós-moderna ou pós-fordista, porque não há mais ensinamento a propor. Resta aquilo que se denomina warehousing, o armazenamento de sujeitos que não são mais úteis e que, portanto, podem ser administrados apenas através da neutralização"*[303].

No Brasil, por exemplo, os condenados são obrigados a se uniformizar como presidiários, o que destrói a sua identidade e os coloca como mais um grupo visualmente homogêneo. Para o Estado, todos considerados uma só *coisa*: um preso. Nas palavras de Irene Muakad:*"Os desconhecidos do dia anterior tornam-se logo amigos, em grande intimidade por uma coincidência da organização penitenciária e por sua condição comum de condenados, não importando quais sejam sua personalidade, seu crime, seu meio anterior e sua formação. Trocam ideias, contam proezas e dessa "amizade" o saldo é sempre negativo, pois dificilmente o melhor conseguirá impor suas ideias, o que não ocorre em relação aos já deformados, pois sempre conseguem contaminar os de boa formação"*[304].

O sistema prisional brasileiro comandado em grande parte por facções criminosas, em pouquíssimo tempo, transforma jovens que praticaram pequenos delitos – e que são presos em decorrência de uma política criminal de encarceramento em massa da população[305] – em criminosos de carreira. A reclusão retira do jovem a sua família, os amigos, para colocá-lo em contato direto com integrantes de organizações criminosas, experientes na prática de ilícitos, que apresentam o verdadeiro submundo do crime àquele então delinquente primário e oferecem a ele uma longeva sequência

---

[303] SHECAIRA, Sérgio Salomão. *Criminologia*. 3 ed. São Paulo: Editora Revista dos Tribunais, 2011. p. 357/358.

[304] MUAKAD, Irene Batista. *Prisão Albergue*. São Paulo: Atlas, 1998. p. 27.

[305] De acordo com dados fornecidos pelo Conselho Nacional de Justiça, atualmente, o Brasil possui a terceira maior população carcerária do mundo (Disponível em: <http://www.cnj.jus.br/images/imprensa/diagnostico_de_pessoas_presas_correcao.pdf>, acesso em 29 de agosto de 2014.

por este caminho, oportunidade que normalmente é rapidamente aceita ante a total perspectiva de futuro após a saída da prisão. Prende-se muito e o resultado disso, como se vê, é trágico.

Acerca da inaptidão do sistema carcerário para recuperar o infrator, já na década de 50, Nelson Hungria ressaltava que *"Os estabelecimentos da atualidade não passam de monumentos de estupidez. Para reajustar homens à vida social invertem os processos lógicos de socialização; impõem silêncio ao único animal que fala; obrigam a regras que eliminam qualquer esforço de reconstrução moral para a vida livre do amanhã, induzem a um passivismo hipócrita pelo medo do castigo disciplinar, ao invés de remodelar caracteres ao influxo de nobres e elevados motivos; aviltam e desfibram, ao invés de incutirem o espírito de hombridade, o sentimento de amor-próprio; pretendem, paradoxalmente, preparar para a liberdade mediante um sistema de cativeiro"*[306].

Mas, a nosso ver, não é só o sistema carcerário que traz prejuízos ao arguido, os rituais procedimentais, o julgamento, as oitiva de testemunhas, a submissão ao Ministério Público e ao juiz, tudo contribui para a degradação do delinquente[307], pois constitui enorme constrangimento e sofrimento, à semelhança do narrado por Franz Kafka[308], que descreveu as agruras de K. ao longo de um processo penal e o seu alívio – para não dizer felicidade – ao ser executado, pois, com a sua sentença de morte, não teria mais que sofrer por causa do procedimento.

Todas as cerimônias degradantes suportadas e absorvidas de maneira negativa pelo delinquente são, posteriormente, transferidas para a sociedade, já que, como já defendiam os teóricos do *labeling approach*, a consequência natural dessa estigmatização é a desviação secundária. A pecha de criminoso aliada ao afastamento da família, dos amigos, bem como ao abandono pelo Estado – que não oferece mecanismos para uma reinserção social e, pior, dessocializa a pessoa –, restringe, significantemente, as possibilidades de reinserção social.

Este sistema punitivo pautado na dor e na estigmatização é, no nosso entendimento, inaceitável. Compartilhando dessa visão, Nils Christie é

---

[306] HUNGRIA, Nelson. *Comentários ao Código Penal*, vol. 01, tomo 01, 3. Ed. Rio de Janeiro: Forense, 1955. p. 190.

[307] Atos que Garfinkel chamava de cerimônias degradantes. Sobre as cerimônias degradantes, ver: DIAS, Jorge de Figueiredo; ANDRADE, Manuel da Costa. *Criminologia: o homem delinquente e a sociedade criminógena*. 2 Ed. Editora Coimbra: Coimbra, 1997. p. 350.

[308] *O processo*. 2 ed. Lisboa: Guimarães editores, 2006.

enfático: *"my position can be condensed into views that social systems ought to be constructed in ways that reduce to a minimum the perceived need for infliction of pain for the purpose of social control. Sorrow is inevitable, but not the hell created by man"*[309].

De outro lado, nos parece que as cerimônias processuais nos moldes atuais também afetam negativamente as vítimas, que sofrem com o que se chama de vitimização secundária[310], decorrente da atuação das instâncias formais de controle que as excluem totalmente da resolução dos conflitos dos quais são parte.

As vítimas não são ouvidas, tornam-se expectadoras do próprio problema, já que *"en los tribunales se vive, se trabaja, em y por conflictos ajenos"*, *"la victmización judicial se verifica a partir de que los seres em conflicto pasan a ser victimizados por esperas y demoras en la esclerosis de los andamios del sistema"*. Tudo isso, para perceber, ao final, que a pena aplicada pelo Estado *"ni soluciona su conflicto ni su orfandad, ni su necesidad resarcitoria, ni la explicación que requiere ni, en su caso, restañar el vínculo o el conocimiento del infractor en una suerte de diálogo sugerido o, a veces, simbólico, que le permita entender"*[311].

A vitimização secundária, além dos efeitos psicológicos maléficos[312], leva o ofendido a assumir uma postura passiva, não colaborativa, em relação ao sistema penal, sendo certo que a não atenção a suas reais necessidades gera a frustração das expectativas e a desconfiança na capacidade da justiça criminal de dar uma resposta adequada ao problema do crime[313].

Por esse motivo, entendemos que o consenso deve estar orientado pela redefinição das relações entre todos os sujeitos processuais como modelo que propiciará o tratamento humano de todos os envolvidos, fazendo da justiça criminal algo muito diverso do que Nils Christie chama de inferno criado pelo homem[314].

---

[309] *Limits to pain.* Eugene: Wipf & Stock, 2007. p. 11.
[310] Sobre o tema, detalhadamente, ver: MOLINA. Antonio Garcia-Pablos de. *Crimonología: una introducción a sus fundamentos teóricos.* 6 ed. Valencia: Tirant lo blanch, 2007. p. 107 e ss.
[311] NEUMAN, Elías. Mediación penal. 2 ed. Buenos Aires: Editorial Universidad, 2005. p. 30/32.
[312] Sobre os efeitos psicológicos da vitimização secundária, ver: NÚÑEZ, René Yebra. Victimización secundaria y efectos que produce en las víctimas de delitos. In: *Revista do Conselho Nacional de Política Criminal e Penitenciária.* v. 1, n. 14, Jul./Dez. 2000. 133/146.
[313] Idem. Ibidem. p. 134.
[314] *Limits to pain.* Eugene: Wipf & Stock, 2007. p. 11.

Com a instalação do modelo de consenso, consideramos que os benefícios não serão sentidos só pelos desviantes – os que sofrem com maior profundidade –, mas também pelas vítimas, que terão espaço para expor as suas necessidades e, muitas vezes, conseguir uma resposta mais condizente com o problema.

A construção de ambientes propícios para o diálogo, a nosso ver, ajudará a tirar o estigma imposto pelos ritos processuais tradicionais e a encontrar penas mais satisfatórias a todos os envolvidos, fatores que conjugados podem trazer importantes benefícios sociais, pois, o sistema penal não devolverá à sociedade dois cidadãos consumidos pelo delito, mas pacificados.

Justamente para que seja possível a observação da horizontalidade das relações entre os envolvidos, entendemos que os espaços de consenso devem ser supervisionados pelo Estado, evitando, assim, a imposição de penas degradantes que em nada auxiliariam a recuperação do condenado, ou mesmo desproporcionais à sua culpa e às necessidades de prevenção. Sempre que possível, portanto, a pena – e sua execução – deve integrar o condenado à comunidade, para evitar o seu isolamento social. Assim, cria-se um ambiente propício para a sua recuperação, que *"será ainda mais eficaz se acompanhada por um tolerante auxílio social ao agente desviado no sentido de facilitar a sua reintegração, o que parece encontrar algum eco em medidas como a prestação de trabalho a favor da comunidade"*[315].

Ainda, vale dizer que, para as hipóteses em que não se encontrou alternativa à prisão, também é preciso reformar o sistema carcerário, uma vez que, a estrutura dos presídios e o costumeiro tratamento dado aos detentos acabam por agravar os efeitos negativos da pena e a desviação secundária[316]. Para tanto, é preciso repensar o tratamento dispensado pelas instâncias

---

[315] SANTOS, Cláudia Maria Cruz. *O crime do colarinho branco (Da origem do conceito e sua relevância criminológica à questão da desigualdade na administração da justiça penal)*. Dissertação (mestrado). Coimbra, 1999. p. 202.

[316] As consequências negativas relacionadas ao descaso no tratamento dos prisioneiros são tão relevantes que o Tribunal Europeu de Direitos do Homem incluiu os maus-tratos decorrentes das condições carcerárias foram no âmbito de proteção do artigo 3.º da Convenção Europeia dos Direitos do Homem (tortura, tratamentos desumanos e degradantes), principalmente quando se verifica uma cumulação de fatores ligados à higiene e à saúde dos detentos, bem como pela verificação de superpopulação nas celas ou diminuto espaço total ou disponível para a movimentação do recluso, conforme se verifica no julgamento do caso *Ananyev e outros v. Rússia*.

formais de controle aos condenados com o intuito de minimizar as cerimônias degradantes as quais são submetidos.

Nesse ponto, Nils Christie revela o modelo carcerário administrado pelos países escandinavos e que deveriam ser seguido em todo o mundo[317]: *"Inside prisons, at least in my part of the world, he is called 'inmate', not 'prisoner'. His room in the prison is called Just that: 'room', not 'cell'. If He misbehaves, He might be offered 'single-room-treatment'. In practice this might mean days of isolation in a cell stripped of furniture. Most of the personal within prisons in my country are called 'betjent', which means one who serves. They are not called 'guards'"*[318].

Assim, propõe-se uma reflexão profunda acerca do modo como as instâncias formais de controle interagem com o delinquente, o que se faz com o intuito de superar a rotulagem a que se submete o arguido, não com o objetivo de que a sociedade passe a ter uma atitude simpática com relação aos desviantes, mas para que ela própria possa se beneficiar com a recuperação do cidadão e, consequentemente, com a diminuição da criminalidade.

Desse modo, para a parcela das condutas que entendemos que devem manter-se criminalizadas após a redefinição hierárquica dos bens jurídicos tutelados, consideramos necessário adotar mecanismos que possibilitem a inserção social do desviante, como forma de evitar a reincidência e auxiliar na redução do sentimento popular de insegurança e medo.

Nessa perspectiva, a função do consenso é a de retirar dos atos processuais, no máximo em que for possível, tudo aquilo que dê causa à estigmatização social do delinquente e que influencie negativamente na imagem que cria de si mesmo após a submissão à justiça penal, além de, simultaneamente, ao menos nos crimes praticados sem violência ou grave ameaça, aproximar a vítima do processo para auxiliar na resolução e na pacificação do conflito penal, tudo isso com o intuito de atender às finalidades do direito penal de prevenção e recuperação do desviante, sem tornar a justiça penal um *inferno*[319] que aprofunda o problema causado pelo delito.

---

[317] Vale dizer que mesmo admitindo que o uso de palavras amáveis podem agradar os presidiários, Nils Christie acredita que é a sociedade que prefere usar eufemismos para não encarar a verdade, que impõem aos outros dor e sofrimento.
[318] *Limits to pain*. Eugene: Wipf & Stock, 2007. p. 13/14.
[319] CHRISTIE, Nils. *Limits to pain*. Eugene: Wipf & Stock, 2007. p. 11.

5.3. Restabelecimento das garantias processuais dos cidadãos

A proposta de um modelo processual penal de consenso também deve estar orientada para a manutenção – e o resgate – dos direitos fundamentais do arguido, uma vez que, como se passa a demonstrar, constituem garantias conquistadas ao longo dos séculos e que não podem ser relativizadas, seja em razão da maior participação da vítima, seja porque se faz necessário um processo mais célere.

Como destaca Rui Pereira, *"grave erro numa revisão ou reforma penal, seria pressupor o 'excesso de garantismo'. Em si mesma, a expressão encerra, aliás, uma contradictio in terminis. As garantias nunca são excessivas"*[320].

Ao longo do tempo o processo penal viveu movimentos pendulares, por vezes prevendo uma maior proteção do arguido contra o Estado e, outras, um endurecimento com relação a essas garantias em prol de uma maior eficiência do sistema penal[321].

Como amplamente discutido nos capítulos anteriores, nos dias de hoje, a disseminação do *Law and Order* resultou na adoção por muitos países de um modelo de intervenção baseado na supressão de garantias (teoria do direito penal do inimigo[322]), admissão da tortura (USA PATRIOT ACT), abrangência dos meios de provas à disposição da acusação e diminuição dos requisitos legais para a sua produção – principalmente no que tange às provas cautelares, produzidas sem a participação e o conhecimento do arguido –, ampliação da prisão provisória como meio de antecipação da pena e aproximação ideológica dos órgãos de acusação e julgamento.

Essas reformas processuais penais marcam um retrocesso nas garantias do acusado, retomando elementos do sistema penal inquisitivo puro, caracterizado pela produção probatória sem a participação, o conhecimento e a contradita do acusado, completo sigilo acerca do andamento e do conteúdo do processo imposto inclusive ao arguido, unidade do órgão acusador e do

---

[320] PEREIRA, Rui. A crise do processo penal. In: *Revista do Ministério Público de Lisboa*, Lisboa, v. 25, n. 97, jan./mar. 2004. p. 17.
[321] FERNANDES. Antonio Scarance. *Processo Penal Constitucional*. 7 ed. São Paulo: Revista dos Tribunais, 2012. p. 23.
[322] Sobre o tema, ver item 3.1, *supra*.

julgador, livre iniciativa probatória do juiz-acusador, obtenção da confissão pela tortura e aplicação da prisão provisória em quase todos os casos[323].

Em razão desse retrocesso processual penal no campo das garantias, Antonio Garcia-Pablos de Molina afirmou que *"asistimos a una etapa de regresión que ignora o pervierte conquistas históricas que creíamos irreversibles"*, não sendo *"desacertado el término 'CONTRAILUSTACIÓN' para denominar el sesgo involucionista y regresivo de las mesmas "*[324].

Entendemos correto o referido autor quando se refere à restrição de garantias processuais como um movimento de *contrailustração*. Isso porque, foi justamente a partir dos ideais iluministas que a Revolução Francesa modificou o processo penal[325] e estabeleceu conquistas que pareciam irreversíveis.

Os constantes abusos da Monarquia que levaram à revolta popular também eram frequentes no âmbito do direito penal, até porque, como já dito, o sistema penal sempre foi um meio de controle social em benefício do Estado. Por isso, com o triunfo do pensamento iluminista, os setores vulneráveis da sociedade, *"partindo do reconhecimento da necessidade de substituir o sistema absolutista monárquico pela república, postularam um novo modelo que, a rigor, recolocaria a oralidade e a publicidade no lugar da escrituração e do segredo, assegurando-se a defesa e a liberdade de julgamento pelos jurados, com a proscrição do sistema de provas legais (...), por meio da abolição da tortura e da adoção de um sistema processual penal inspirado nos aplicados na Roma Republicana"*[326].

A partir disso, iniciou-se um processo evolutivo no campo do direito processual penal dirigido à constituição de garantias ao acusado frente ao poder do Estado. O Code napoleônico, por exemplo, muito embora mantivesse muitas características inquisitivas, separou os órgãos de acusação e julgamento, previu a oitiva das testemunhas perante o acusado, regulou a prisão processual, proibindo-a nos casos de pena aflitiva ou infamante, estabeleceu a possibilidade de liberdade provisória em qualquer

---

[323] PRADO, Geraldo. *Sistema Acusatório: a conformidade constitucional das Leis Processuais Penais*. 4 ed. Rio de Janeiro: Lumen Juris, 2006. p. 88. No mesmo sentido: LEONE, Giovanni. *Tratado de derecho procesal penal*. t. I. Buenos Aires: Ediciones Juridicas Europa-America, 1963. p. 24.
[324] *Crimonología: una introducción a sus fundamentos teóricos*. 6 ed. Valencia: Tirant lo blanch, 2007. p. 682.
[325] TOURINHO FILHO, Fernando da Costa. Processo Penal. 29 ed. V. 1. São Paulo: Saraiva, 2007. p. 89.
[326] PRADO, Geraldo. Ob. cit. p. 91.

fase do processo, possibilitou a apresentação de recurso contra a decisão condenatória, determinou a publicidade do julgamento e a fundamentação das decisões, cuja inobservância, em ambos os casos, acarretaria em nulidade[327].

Desse modo, por influência iluminista, o processo penal deixou de ser apenas um instrumento do Estado para condenação do acusado ou mero formalismo[328] a ser obedecido e passou a ser também garantidor do respeito a direitos fundamentais que *"cumprem a função de direitos de defesa dos cidadãos sob uma dupla perspectiva: (1) constituem, num plano jurídico-objectivo, normas de competência negativa para os poderes públicos, proibindo fundamentalmente as ingerências destes na esfera jurídica individual; (2) implicam, num plano jurídico-subjectivo, o poder de exercer positivamente direitos fundamentais (liberdade positiva) e de exigir omissões dos poderes públicos, de forma a evitar agressões lesivas por parte dos mesmos (liberdade negativa)"*[329].

A nosso ver são justamente esses direitos fundamentais que cumprem função de direitos de defesa que precisam ser reestabelecidos, pois a relativização dessas garantias levou, como já demonstrado, a *"reações estatais que muitas vezes mais se aproximam da vingança privada que dos ideais de impessoalidade e imparcialidade que devem permear toda e qualquer atividade pública"*[330].

Numa concepção moderna de processo penal, portanto, entendemos ser um equívoco falar em excesso de garantismo, assim como consideramos não haver espaço para supressão de direitos fundamentais do cidadão em nome de uma maior segurança social, já que *"não se concebe um processo eficiente sem garantismo"*[331].

---

[327] ANDRADE, Mauro Fonseca. *Sistemas Processuais Penais e seus Princípios Reitores*. Curitiba: Juruá, 2008. p. 404/405.
[328] Como explica Aury Lopes Junior, *"em matéria processual penal – forma é garantia, não há espaço para informalidades (...). Tais cuidados, longe de serem inúteis formalidades, constituem condição de credibilidade do instrumento probatório, refletindo na qualidade da tutela jurisdicional prestada e na própria confiabilidade do sistema judiciário de um país"* (Direito Processual Penal e sua conformidade constitucional. V. I. 2ª ed. Rio de Janeiro: Lumen Juris, 2008. p. 605/607).
[329] CANOTILHO, J.J. Gomes, *Direito Constitucional e Teoria da Constituição*, Coimbra: Livraria Almedina, 1997, p. 373.
[330] COSTA, Domingos Barroso da. Da modernidade à pós-modernidade, do positivismo ao pós-positivismo: sobre a exposição da crise de legitimidade do sistema penal brasileiro pelas transformações da sociedade e do direito. In: *Revista Brasileira de Ciências Criminais*. São Paulo, v. 20, n. 94, jan./fev. 2012. p. 323.
[331] FERNANDES. Antonio Scarance. Ob. cit. p. 23.

Dessa forma, a implementação de mecanismos de consenso no processo penal deve seguir essa orientação e desburocratizar a relação entre os sujeitos processuais sem afetar as garantias fundamentais, até porque estas constituem as barreiras necessárias para a manutenção da horizontalidade do diálogo, quer entre arguido e Estado, quer entre vítima, arguido e Estado, evitando também abusos e injustiças que, historicamente, já ocorreram, tanto na justiça penal privada, como na aplicação do *ius puniendi* pelo Estado[332].

Ademais, a não observância das garantias processuais é prejudicial à sociedade, não só ao arguido que não teve seus direitos observados em um processo específico. Isso porque, as limitações processuais à atuação do Estado extrapolam os limites da causa, atuam como elementos que afiançam a legalidade da ação judicial, isto é, ainda que cada indivíduo não possa verificar pessoalmente que a justiça pública está atuando sem arbítrio e injustiças, ao menos mantém dentro de si a certeza de que são cumpridas as regras previamente estabelecidas.

Vale lembrar que as regras processuais impostas como garantias não foram uma concessão estatal, nem mesmo um acordo prévio firmado entre sociedade e Estado para a transferência do *jus puniendi*. Como discorrido no primeiro capítulo, a autoridade central roubou o conflito penal das partes para exercer o controle social por meio do monopólio do uso da força, o qual foi exercido durante séculos sem qualquer limite e com muitos abusos. Os limites processuais são uma conquista da sociedade, exigidos em contraposição à prática de injustiças e imposição de sofrimento aos indivíduos que, sem qualquer justificativa, eram subjugados perante um poder central autoritário.

Não é menos verdade, também como abordado no primeiro capítulo, que antes do Estado assumir o monopólio do uso da força, a justiça penal praticada entre particulares era marcada por abusos e o predomínio do uso da força e da vingança privada, de modo que, para uma proposta de consenso que pretende aproximar as partes, a manutenção das garantias é essencial.

Por outro lado, entendemos que a supressão das garantias em nada auxiliaria os mecanismos de consenso na tarefa de melhorar o sistema

---

[332] Acerca dos abusos praticados pelo Estado antes do estabelecimento de garantias processuais, ver: ANDRADE, Mauro Fonseca. *Sistemas Processuais Penais e seus Princípios Reitores*. Curitiba: Juruá, 2008. p. 363 e ss.

penal, pois a burocracia, a estrutura hierarquizada e centralizada, o ordenamento jurídico supostamente perfeito, que são os fatores que verdadeiramente contribuem para a lentidão do judiciário – e que nada tem a ver com as garantias – continuarão intocáveis se não passarem a serem estes os focos da mudança.

O equívoco na adoção do antigarantismo como meio para solucionar os problemas do sistema penal já era apontado antes mesmo da adoção da política criminal do Law and Order, como, em 1979, destacava Antonio Acir Breda: "*O autoritarismo processual, a pretexto da maior eficiência na representação penal, além de causar danos irreparáveis ao indivíduo, não será a fórmula salvadora no combate à criminalidade*"[333].

No entanto, mesmo assim, o discurso antigarantista foi adotado como a alternativa encontrada pela doutrina neoliberal para que fossem atendidas as reivindicações sociais por maior celeridade processual, sem que o discurso dominante perdesse a coação penal como instrumento de controle social. Discurso populista que, ao final, volta-se contra a própria população que, sem memória, aceita a diminuição dos seus direitos em prol de um Estado coator, aumentando, sensivelmente, como mostra a história, a constituição futura de um Estado autoritário[334].

Dessa forma, ainda que o crime seja um problema e a demora do judiciário em apresentar uma resposta a ele constitua um dos fatores principais da crise do sistema penal contemporâneo, "*as restrições ao devido processo*

---

[333] Aspectos da crise do sistema processual brasileiro. In: *Revista de Direito Penal*, Rio de Janeiro, n. 28, jul./dez. 1979. p. 111.

[334] Jorge de Figueiredo Dias muito bem difere as características de um Estado Autoritário e um Estado Liberal. Segundo o autor, numa "*concepção autoritária do Estado, o processo penal é então dominado, exclusivamente, pelo interesse do Estado, que não concede ao interesse das pessoas nenhuma consideração autônoma e, ligado a uma liberdade inteiramente discricionária do julgador (embora exercida sempre em favor do poder oficial), constitui o único vector processualmente relevante. O arguido, por seu turno, é visto não como sujeito coactuante no processo, mas como mero objeto de inquisição, como algo que é afeito ao processo mas que nele não participa ativamente*", enquanto no Estado Liberal, "*no centro da consideração está agora o indivíduo autônomo, dotado com os seus direitos naturais originários e inalienáveis. Do que se trata no processo penal é de uma oposição de interesse (portanto de uma lide, disputa ou controvérsia) entre o Estado que quer punir os crimes e o indivíduo que quer afastar de si quaisquer medidas privativas ou restritivas de sua liberdade. Por seu lado, a lide, para que seja 'fair', supõe a utilização de armas e a disponibilidade, pelos contentores, de meios tanto quanto possíveis iguais; por isso, o indivíduo não pode ser abandonado ao poder do Estado; antes tem de surgir como verdadeiro sujeito de processo, armado com seu direito de defesa e com suas garantias individuais*" (*Direito processual penal*, v. 1. Coimbra: Coimbra, 1974 p. 58/69).

legal e ao princípio da legalidade levam ao aprofundamento e não à solução da crise em que se debate o Poder Judiciário"[335].

Em outras palavras, se por um lado, os direitos básicos do homem constituem o núcleo duro de bens jurídicos que clamam pela utilização do aparato repressivo penal do Estado para pacificação das relações sociais – justificando a intervenção penal para coibir algumas condutas –, por outro, servem para evitar que o próprio Estado abuse do direito de punir e mantenha a ordem social de maneira justa e igualitária.

Por isso, ainda que seja preciso avançar na construção de um sistema penal mais célere, os mecanismos de consenso precisam estar dirigidos para a reformulação da sua estrutura burocrática e lenta, ao passo que, no que tange aos aspectos processuais penais ligados ao cidadão, "*a investigação e a luta contra a criminalidade devem ser conduzidas de uma certa maneira, de acordo com um rito determinado, na observância de regras preestabelecidas*", de modo que "*o rito probatório não configura um formalismo inútil, transformando-se, ele próprio, em um escopo a ser visado, em uma exigência ética a ser respeitada, em um instrumento de garantia para o indivíduo*"[336].

Assim, mesmo sendo necessária a reforma do sistema penal por meio do consenso, entendemos que o caminho não está na supressão das garantias processuais, haja vista que o discurso antigarantista não soluciona os problemas estruturais da justiça criminal, pelo contrário, retrocede no que tange aos avanços históricos conquistados pelos cidadãos, nomeadamente na imposição de limites ao poder de punir do Estado, permitindo a prática de abusos e ilegalidades, que transmitem à sociedade ainda mais descrédito no funcionamento das instâncias formais de controle.

5.4. Definição das bases para a construção de espaços de consenso

Pelo exposto acima, a redefinição hierárquica dos bens jurídicos, a preocupação com a estigmatização do desviante e o restabelecimento das garantias processuais, são as bases para a formação de um sistema processual penal de consenso, temas que servem como ponto de partida para modificar a relação entre os sujeitos processuais e também como objetivos a

---

[335] MESQUITA, José Ignacio Botelho de. A crise do judiciário e o processo. In: *Revista da Escola Paulista da Magistratura*. São Paulo, v. 2, n. 1, jan./jun. 2001. p. 91.

[336] GRINOVER, Ada Pellegrini; FERNANDES, Antonio Scarance; GOMES FILHO, Antonio Magalhães. *As nulidades no processo penal*. 10 ed. São Paulo: Revistas dos Tribunais, 2007. p. 155.

serem alcançados para que se atenda as finalidades do direito penal de prevenção e pacificação da relação social quebrada pela conduta desviada.

Assim, entendemos que a construção de espaços de consenso no processo penal com a finalidade primeira de alterar a estrutura lenta e burocrática do sistema penal – decorrente da legitimação jurídico-racional – pela aproximação das partes em substituição às relações conflituosas do direito tradicional deve ser feita nas seguintes bases:

(i) Os modelos de processo penal de consenso devem propiciar meios de gerir diferentemente as ilegalidades (tanto no que tange ao maior envolvimento do Estado ou da vítima na solução do litígio, como na diversidade de sanções, excluindo-se ao máximo a de prisão), o que só pode ser feito pela redefinição hierárquica dos bens jurídicos protegidos;

(ii) Os espaços de consenso devem se afastar ao máximo das cerimônias degradantes do processo penal tradicional e, na medida do possível, aproximar à vítima da solução do caso, como maneira de evitar a desviação e a vitimização secundária;

(iii) A discricionariedade dos sujeitos processuais na solução consensual do conflito penal deve ser limitada pelas garantias processuais do arguido para impedir abusos nas sanções e manter a horizontalidade nas relações entre os envolvidos.

Portanto, atendendo ao quanto dito acerca da absorção dos benefícios das diversas propostas de resposta ao crime já formuladas, a partir dessas três estruturas fundantes, o consenso pretende atravessar de diferentes formas todo o processo penal para colocar o sistema criminal no caminho de uma retomada não radical de muitos ideais sustentados pelos criminólogos críticos[337] – que, inegavelmente, servem de base de sustentação para

---

[337] Como salienta Cláudia Maria Cruz Santos ao tratar da retomada dos ideais da criminologia critica, *"a ideia de não intervenção radical é, frequentemente, substituída por uma ideia de intervenção o menos estigmatizante possível"*, *"há toda uma linha de orientação – que, segundo cremos não deve ser abandonada – eivada pelos princípios emergentes nas décadas de sessenta e setenta. Referimo-nos a uma compreensão que, sem ser radicalmente revolucionária, não se limita ao desânimo ou à resignação perante uma criminalidade considerada incontrolável e não renuncia à crítica do sistema de aplicação da justiça criminal. Que, sem advogar a integral substituição do direito penal, não renuncia a uma sua reconformação, pretendendo restringi-lo ao mínimo necessário e procurando garantir a sua eficácia"*.

as teorias abolicionistas, descriminalizantes e de diversão –, mantendo-se, ao mesmo tempo, alguns pensamentos da doutrina neoliberal.

A partir de agora, então, partindo-se dessas premissas, trataremos dos meios para desburocratizar o sistema penal, o que deve ser feito pela adoção de um moderno processo penal simplificado, *"eliminando-se todos os atos processuais inúteis ou qualquer atividade das partes que seja supérflua"*[338], ao mesmo tempo em que se amplia os espaços de consenso.

In: *O crime do colarinho branco (Da origem do conceito e sua relevância criminológica à questão da desigualdade na administração da justiça penal)*. Dissertação (mestrado). Coimbra, 1999. p. 203.
[338] BREDA, Antonio Acir. Aspectos da crise do sistema processual brasileiro. In: *Revista de Direito Penal*, Rio de Janeiro, n. 28, jul./dez. 1979. p. 111.

6. MODELOS DE PROCESSO PENAL DE CONSENSO

Após a definição das bases estruturais nas quais se entende dever se sustentar a construção dos espaços de consenso, é preciso agora verificar quais são os modelos de processo penal de consenso que entendemos ideais para cada tipo de criminalidade e de que modo podem modificar as relações entre os sujeitos envolvidos no litígio para que consigam atingir a finalidade de desburocratização do sistema penal e dar adequada resposta social ao problema causado pelo crime, sem que esse caminho seja percorrido pela expansão das condutas criminalizadas, pela despreocupação com a recuperação dos envolvidos no conflito e pela supressão das garantias fundamentais do cidadão.

Para tanto, e para que se consiga gerir diferentemente as ilegalidades de maior ou menor gravidade, entendemos necessária a adoção de dois modelos distintos, o primeiro para atender aqueles delitos praticados sem gravidade ou grave ameaça, e o segundo, com maior envolvimento Estatal, para as hipóteses em que a coletividade é atingida pelo delito em um grau mais elevado, em decorrência da violação de um bem jurídico mais precioso, bem como, subsidiariamente, os conflitos menos graves em que vítima e ofensor não conseguiram alcançar um consenso.

Não obstante nenhum deles ainda exista, de fato, no Brasil, como se verá, entendemos que são importantes modelos a serem utilizados como base para futuras reformas legislativas que visem amenizar a greve crise do sistema penal.

6.1. Mediação penal: alternativa para os crimes sem violência ou grave ameaça

Para ocupar o espaço que, pelas razões já expostas, precisa ser abandonado pelo processo penal tradicional e também para atender aos anseios da vitimologia, a Justiça Restaurativa emergiu como *"um novo paradigma de realização da justiça, mais consensualista, participado, conciliatório e preocupado com as consequências materiais e emocionais imediatas da ofensa nas pessoas que a experimentaram"*[339].

Em outras palavras, a Justiça Restaurativa traz uma proposta de desjudicialização (ou diversão[340]) da resolução do delito, criando um sistema célere e horizontal, que aproxima os sujeitos do crime com a finalidade de humanização, pacificação e, na medida do possível, reparação dos danos sofridos pela vítima[341].

No Brasil, o expoente desse modelo de Justiça Restaurativa é a composição de danos civil, prevista na Lei nº 9.099/95 que tem sua abrangência restrita a um número muito pequeno de casos[342], nomeadamente os crimes de menor potencial ofensivo processados por meio de ação penal privada ou mediante representação da vítima[343]. Isso porque, somente nos crimes dessa natureza, a Lei prevê a possibilidade das partes envolvidas diretamente no delito buscarem uma composição por meio da reparação de danos (art. 72 da Lei nº 9.099/95), cuja aceitação por parte do autor,

---

[339] FERREIRA, Francisco Amado. *Justiça Restaurativa: natureza, finalidades e instrumentos.* Coimbra: Coimbra editora, 2006. p. 21.

[340] COSTA, José de Faria Costa. Diversão (desjudicialização) e mediação: que rumos?. In: *Boletim da Faculdade de Direito da Universidade de Coimbra.* vol. XLI. Ano 1985. Sobre o tema, nesse trabalho, ver capítulo 4, *supra.*

[341] SANTOS, Claudia. A mediação penal, a justiça restaurativa e o sistema criminal – algumas reflexões suscitadas pelo anteprojeto que introduz a mediação penal "de adultos" em Portugal. In: *Revista Portuguesa de Ciência Criminal,* ano 16, nº 1, jan./mar., 2006. p. 90.

[342] É importante salientar que aqui nos referimos aos meios legais de resolução do conflito penal por meio de modelos orientados pelos ideais da Justiça Restaurativa, razão pela qual excluímos o trabalho de ONGs e até mesmo juízes que buscam aproximar as partes e buscar a restauração da relação entre elas, independentemente da punição que será aplicada pelo Estado. Exemplo desse trabalho é o projeto "Justiça para o século 21", desenvolvido no Rio Grande do Sul.

[343] As razões pelas quais entendemos que a transação penal e a possibilidade de conciliação nas hipóteses de crimes processados por meio de ação penal pública não são modelos de consenso já foram abordadas acima (item 4.1, *supra*).

após a homologação pelo juiz, *"acarreta a renúncia ao direito de queixa ou representação"* (art. 74, parágrafo único, da Lei nº 9.099/95). Nos crimes de ação penal pública, apesar de a legislação não excluir a possibilidade de composição civil, não acarreta ela a extinção do feito, podendo o Ministério Público propor transação penal, oferecer denúncia, suspensão condicional do processo e até mesmo pugnar pela condenação. É dizer, nas hipóteses de ação penal pública, ainda que vítima e autor se componham e isso seja homologado judicialmente, é possível ao acusado ser denunciado e condenado por esses mesmos fatos.

Na prática, portanto, somente nas duas primeiras hipóteses a lei brasileira comtempla de maneira efetiva a resolução do conflito por meio do contato direto entre autor e vítima. Em comum acordo, podem alcançar uma sanção que não seja demasiadamente alta a ponto de causar no autor a sensação de ter sido punido excessivamente, nem baixa a ponto de transmitir à vítima o sentimento de impunidade. Por sua vez, a necessidade de homologação pelo juiz da composição alcançada pelas partes e a impossibilidade de se aplicar pena privativa de liberdade são garantias essências deste modelo, pois impedem que a resolução do conflito com a participação direta dos envolvidos se torne palco para a prática de injustiças, impunidade e vingança privada.

Não obstante represente importante avanço no modelo de Justiça Restaurativa, uma ressalva importante deve se fazer acerca da composição prevista na legislação brasileira: não há previsão de análise prévia dos fatos pelo Ministério Público e pelo Magistrado acerca da justa causa da ação penal, da existência de pressupostos mínimos para eventual acusação, permitindo a punição de alguém por fato que pode não constituir crime, estar prescrito, ou isento de pena. Ainda que a composição seja feita em consenso entre as partes, é exigível – e deveria ser condição para início das tratativas – a verificação pelos órgãos estatais da existência de indícios veementes de materialidade delitiva e autoria, bem como das condições da ação.

Apesar da composição civil prevista na Lei nº 9.099/95 se revelar como o instituto pátrio que mais se aproxima de um modelo ideal de consenso, muitas adaptações e evoluções são necessárias. É que, conforme frisa Pedro Scuro Neto, um programa efetivo de Justiça Restaurativa requer sejam estabelecidos, *"por via legislativa, padrões e diretrizes legais para a implementação dos programas restaurativos, bem como para a qualificação, treinamento, avaliação e credenciamento de mediadores, administração dos programas, níveis de competência e padrões éticos, salvaguardas e garantias individuais"*[344].

Mesmo sem a estrutura adequada (inexistência de mediador especialmente capacitado, falta de conscientização da população, impossibilidade de aplicação de sanção, falta de colaboração dos magistrados), o modelo brasileiro de resolução consensual de conflitos tem apresentado resultados relevantes, conforme o Projeto Experimental Cantareira de Mediação Penal Interdisciplinar implantado pela Promotoria de Justiça Criminal de Santana, São Paulo-SP. Atuando exclusivamente em infrações penais caracterizadas pela violência doméstica (com complexidade maior por conta da natureza), durante dezoito meses de atuação, o projeto levou 47 % das vítimas a se retratarem da representação em razão de composição com o infrator[345].

Assim, diante da já abordada incapacidade do sistema penal tradicional resolver satisfatoriamente os problemas causados pelo crime e considerando os promissores resultados iniciais dos modelos de consenso, o momento é de se avançar no Brasil, buscando-se uma alternativa à crise da justiça penal.

A necessidade de se adotar meios alternativos para resolução do conflito penal como maneira de tentar aliviar as tensões sociais e amenizar a crise atravessada pelo sistema penal foi percebida pelo Conselho da União Europeia que, no artigo 10.º da Decisão Quadro n.º 2001/220/JAI, de 15 de Março, consignou: *"Cada Estado-Membro esforça-se por promover a mediação nos processos penais relativos a infracções que considere adequadas para este tipo de medida".*

Em atenção à Decisão Quadro, Portugal promulgou a Lei nº 21/2007, de 12 de junho, instituindo a mediação penal como uma possibilidade de resolução alternativa de litígios para os processos que tratam de crime cujo procedimento dependa de acusação particular[346], bem como para os processos por crimes patrimoniais e contra a pessoa, quando estes depende-

---

[344] NETO, Pedro Scuro. Modelo de Justiça para o século XXI. In: *Revista da Emarf*, v. 6, Rio de janeiro, p. 221. Disponível em: < http://www.academia.edu/2365535/Modelo_de_justica_para_o_seculo_XXI r>, acesso em 25 de agosto de 2014.
[345] ALVES, Airton Buzzo. Mediação penal interdisciplinar. In: *Boletim IBCCrim*. Fev. 2007. Ano 15, n. 171.
[346] Artigo 2.º, n.º 1, da Lei 21/2007, de 12 de junho.

rem de queixa[347]. Mesmo nestes casos em que a lei a princípio autoriza à adoção da mediação, ela está vedada se o tipo legal previr pena de prisão superior a 5 anos[348], se o processo tratar de crime contra a liberdade ou autodeterminação sexual[349], peculato, corrupção ou tráfico de influência[350], quando a vítima for menor de 16 anos[351] e sempre quando for aplicável aos casos o processo sumário ou sumaríssimo[352].

De acordo com o procedimento estabelecido pela Portaria n.º 68-C/2008, de 22 de Janeiro, nos casos previstos em lei, o processo poderá ser remetido à mediação pelo Ministério Público por iniciativa própria[353] ou por requerimento das partes[354]. A partir disso, o mediador contata as partes que manifestam ou não o seu interesse[355]. Em caso negativo, retoma-se o procedimento do processo clássico[356]. Se, por outro lado, houver interesse, iniciam-se as seções de mediação até que haja uma decisão pela realização ou não do acordo. Na hipótese do acordo não se concretizar, o processo retoma o seu curso tradicional[357]. Entretanto, a aceitação do acordo representará para a vítima a renúncia ao direito de queixa ou representação[358]. Por fim, no caso de descumprimento do acordo pelo ofensor, é aberto para o ofendido o prazo de um mês para queixa ou representação[359].

Entre os crimes englobados no rol de possível submissão à mediação penal destacam-se: ofensa à integridade física simples (art. 143.º); ofensa à integridade física por negligência (art. 148.º); ameaça (art. 153.º); dano

---

[347] Artigo 2.º, n.º 2, da Lei 21/2007, de 12 de junho.
[348] Artigo 2.º, n.º 3, a), da Lei 21/2007, de 12 de junho.
[349] Artigo 2.º, n.º 3, b), da Lei 21/2007, de 12 de junho.
[350] Artigo 2.º, n.º 3, c), da Lei 21/2007, de 12 de junho.
[351] Artigo 2.º, n.º 3, d), da Lei 21/2007, de 12 de junho.
[352] Artigo 2.º, n.º 3, e), da Lei 21/2007, de 12 de junho.
[353] Artigo 3.º, n.º 1, da Lei 21/2007, de 12 de junho.
[354] Artigo 3.º, n.º 2, da Lei 21/2007, de 12 de junho.
[355] Artigo 6.º, n.º 5, do anexo de regulamento do sistema de mediação penal da Portaria n.º 68-C/2008, de 22 de Janeiro.
[356] Artigo 6.º, n.º 6, do anexo de regulamento do sistema de mediação penal da Portaria n.º 68-C/2008, de 22 de Janeiro.
[357] Artigo 5.º, n.º 1, da Lei 21/2007, de 12 de junho.
[358] Artigo 11.º, n.º 2, do anexo de regulamento do sistema de mediação penal da Portaria n.º 68-C/2008, de 22 de Janeiro.
[359] Artigo 11.º, n.º 2, do anexo de regulamento do sistema de mediação penal da Portaria n.º 68-C/2008, de 22 de Janeiro.

(art. 212.º); dano qualificado não agravado (art. 213.º), furto simples (art. 203.º); injúria (art. 181.º); burla (art. 217.º); coação (art. 154.º), entre outros.

Dessa forma, criou-se em Portugal um meio para a resolução do conflito alternativo ao sistema penal tradicional[360], conduzido por um mediador imparcial, não representante das instâncias formais de controle, que tem como objetivo compor os interesses das partes, independentemente da vontade do Estado[361].

Após séculos, portanto, o Estado devolveu parcialmente o conflito aos envolvidos, afastando-se para que as partes possam pacificar a relação danificada pela prática da conduta desviada. Como explicam Cândido Mendes Martins da Agra e Josefina Castro, a mediação representa *"uma justiça dialógica que procura devolver o conflito aos seus actores, em especial à vítima e ao delinquente"*[362].

A aproximação dos envolvidos e a imposição de uma sanção escolhida em comum acordo pelas partes, nos moldes da mediação, a nosso ver, são medidas benéficas a todos. A vítima se satisfaz com o ressarcimento do dano e com a ciência de que a ofensa sofrida foi apenada; o desviante é dignamente tratado e recebe uma punição que ele mesmo considerou justa; e a sociedade não é tomada pelo sentimento de impunidade e, ao mesmo tempo, não sofrerá as consequências da exclusão social da pessoa decorrente da sua submissão às cerimônias degradantes típicas do modelo penal clássico[363].

---

[360] Posteriormente, a legislação portuguesa criou dois regimes de mediação pós-sentencial, por meio dos quais se busca restaurar a relação entre autor e vítima após a aplicação de uma sanção pelo Estado, conforme disposto no artigo 39.º da Lei nº 112/2009, de 16 de Setembro (que estabelece o regime jurídico aplicável à prevenção da violência doméstica, à proteção e à assistência das suas vítimas), e o artigo 47.º, n.º 4, do Código de Execução das Penas e Medidas Privativas da Liberdade. Entretanto, por serem pós-sentenciais, são apenas programas complementares, que, apesar de importantes, não representam alternativas para o processo penal tradicional.

[361] De acordo com o Ministério da Justiça, *"A mediação penal é um meio informal, flexível, gratuito, de carácter voluntário e confidencial, conduzido por um terceiro imparcial — o mediador —, que promove a aproximação entre o arguido e o ofendido e os apoia na tentativa de obter um acordo que permita a reparação dos danos causados às vítimas e contribua para a restauração da paz social"* (Portaria n.º 732/2009, de 8 de Julho).

[362] Mediação e justiça restaurativa: esquema para uma lógica do conhecimento e da experimentação. In: *Revista da Faculdade de Direito da Universidade do Porto*, ano 2, 2005. p. 106.

[363] De acordo com Carlos Pinto de Abreu, *"a mediação penal é um dos instrumentos que melhor permite fazer cessar a guerra e construir a paz (...). Embora seja tradicionalmente difícil que a vítima e*

Com esses benefícios, acreditamos que o modelo de mediação existente em Portugal atende satisfatoriamente às bases propostas para a construção de espaços de consenso no que tange à menor estigmatização do arguido, pois, nesse modelo de consenso, o autor do delito é tratado com dignidade e igualdade, que auxilia e se coloca à disposição para reverter o dano causado à vítima e à coletividade, substituindo o processo penal clássico marcado pela submissão do indivíduo às instancias formais de controle. Essa mudança de postura do desviante e do Estado, a nosso ver, reflete positivamente na imagem que a sociedade tem do arguido, amenizando os efeitos negativos da desviação secundária. A mediação, portanto, tenta resolver o problema do crime sem criar um novo problema.

Da mesma forma, para evitar a estigmatização do arguido decorrente dos efeitos negativos da prisão (ver item 5.1.3, *supra*), entendemos salutar a previsão do artigo 6.º, 2, da Lei n.º 21/2007, de 12 de Junho, que proíbe a inclusão no acordo de *"sanções privativas da liberdade ou deveres que ofendam a dignidade do arguido ou cujo cumprimento se deva prolongar por mais de seis meses"*[364].

Assim, por meio da mediação, entendemos que as penas definidas consensualmente conseguem, ao mesmo tempo, atender as exigências de prevenção[365], evitar a estigmatização intrínseca à prisão e impedir, pela

---

o agressor se encarem, de forma pacífica e adequada, poderá e deverá procurar-se a aproximação entre as partes, de molde a que o lesado supere psicologicamente a lesão e aceite a medida aplicada, da mesma maneira que o agressor aceite a injunção e a assunção da necessidade reparadora, descodificando-a como uma intervenção pedagógica e não como uma forma de punição, de exclusão ou mera punição" (A ineficácia do sistema penal na proteção à vítima e a mediação penal: um mal necessário ou uma solução há muito possível e quase sempre esquecida?. In: *Revista do Ministério Público*. Lisboa, v. 30, n. 118. abr./jun., 2009. p. 269/272).

[364] Para garantir que nenhuma pena tenha essas características, após as partes terem atingido o consenso sobre a pena, o documento deve ser encaminhado para o Ministério Público verificar se todos os limites para a sanção foram respeitados (Artigo 5.º, n.º 5, da Lei 21/2007, de 12 de junho). Caso não tenham sido, o processo é devolvido para que, em 30 dias, a ilegalidade seja sanada (Artigo 5.º, n. º 8, da Lei 21/2007, de 12 de junho).

[365] Conforme o disposto no Artigo 3.º, n.º 1, da Lei 21/2007, de 12 de junho, só serão remetidos à mediação os processos em que o Ministério Público entender que as possíveis penas que serão alcançadas consensualmente possibilitam que a conduta seja punida de acordo com as exigências de prevenção, considerando nessa análise que a sanção na mediação nunca poderá ser privativa de liberdade, ofender a dignidade do arguido ou se prolongar por mais de 6 meses. Assim, teoricamente, a sanção que for definida por meio da mediação sempre será adequada às exigências de prevenção.

vedação de sanções longas e humilhantes, que a justiça penal se torne palco para o exercício de vingança privada, ou mesmo para a imposição de penas desproporcionais ao mal causado.

Por todas essas vantagens e por não haver nenhum impedimento legal para a implantação do mesmo modelo no Brasil, a mediação penal prevista em Portugal nos parece uma alternativa viável e satisfatória para a resolução daqueles crimes que a Constituição Federal brasileira denomina de menor potencial ofensivo. Para tanto, é necessário, primeiramente, regulamentar esse meio de resolução do conflito de maneira adequada, como feito em Portugal, prevendo um verdadeiro procedimento penal, com observância às garantias dos envolvidos, e com aplicação de uma sanção.

Feito isso, também é preciso ampliar a abrangência dos crimes submetidos aos meios consensuais de resposta ao delito, uma vez que, como já dito, no Brasil, as hipóteses legais são muito restritas. Atualmente, a Lei nº 9.099/95 permite a resolução do conflito exclusivamente pela composição entre as partes apenas nos crimes puníveis com pena máxima de até dois anos (art. 61), processados por ação penal privada ou condicionada à representação (art. 74, parágrafo único), mas nada impede a majoração desse limite legal, pois o artigo 98 da Constituição Federal do Brasil permite a resolução dos conflitos penais pela conciliação nas infrações de menor potencial ofensivo, deixando a cargo do legislador a definição dos crimes que se inserem neste conceito, possibilitando, inclusive, que o conceito seja redefinido para abranger, como proposto (item 5.1.2, *supra*), todos os crimes praticados sem violência ou grave ameaça.

Ainda, para assegurarmos que o modelo de mediação português está estruturado sobre as bases propostas no capítulo anterior, é preciso analisar se há garantias penais e processuais penais que regulem adequadamente o procedimento, impedindo a prática de abusos, já que, de outra maneira, *"a mediação penal corre o risco de se transformar em instrumentos de vindicta privada se e na medida em que a sua concreta regulamentação 'devolver' o conflito criminal de jeito irrestrito àqueles que concebe como partes"*[366]. Para isso, por falta de procedimento análogo no Brasil, manteremos a análise do modelo previsto na legislação portuguesa que pode servir de referência a uma futura experiência brasileira.

---

[366] LEITE, André Lamas. *A mediação penal de adultos: um novo "paradigma" de justiça? Análise crítica da Lei nº 21/2007, de 12 de Junho.* Coimbra: Coimbra, 2008. p. 98.

Nessa medida, é importante a previsão do artigo 3.º, n.º 1, da Lei 21/2007, de 12 de junho, que somente permite o início da mediação penal se o Ministério Público verificar, previamente, que foram *"recolhidos indícios de se ter verificado crime e de que o arguido foi o seu agente"*.

Essa previsão, a nosso ver, minimiza a chance de pessoas inocentes serem submetidas ao procedimento de mediação penal. Entretanto, acreditamos que a apuração prévia à remessa dos autos à mediação deve ser mais minuciosa. Por determinação legal, o envio do processo à mediação só deve ser feito quando não for o caso de arquivamento, assim, para que o Ministério Público forme sua convicção da prática do crime e sua autoria, acreditamos ser indispensável a prévia oitiva do arguido acerca dos fatos, bem como a possibilidade de se requerer a realização de diligências que entender necessárias para o esclarecimento dos fatos, evitando, assim, possíveis injustiças, pois, muito embora o arguido possa se negar a participar da mediação, o fato de o Ministério Público ter mandado o processo para esse procedimento alternativo pode levar um inocente a acreditar que os órgãos públicos já possuem a certeza de que ele praticou um delito, fazendo com que aceite uma sanção mais leve na mediação para não arriscar ser punido mais gravemente no processo comum.

Além disso, consideramos equivocada a previsão legal que permite ao Ministério Público remeter o processo à mediação sem a verificação dos requisitos de autoria e materialidade delitiva nas hipóteses em que arguido e vítima solicitarem, conjuntamente, a adoção da mediação[367]. Isso porque, além do interesse das partes envolvidas, há o interesse social na realização da justiça e não aplicação de sanção penal nas hipóteses em que não há crime ou não se tem conhecimento da autoria. Essa previsão legal permite, por exemplo, que alguém assuma o lugar do real ofensor, com a anuência da vítima – o que é possível nos casos em que o ofensor e a vítima sejam da mesma família ou em que o verdadeiro ofensor ofereça dinheiro para alguém assumir a autoria e o ofendido aceitar essa situação –, já que a autoria não será verificada pelo Ministério Público. Nesse ponto, portanto, em razão das garantias processuais não visarem proteger apenas o arguido, mas representarem conquistas sociais, e também para que não haja injustiça e encobrimento de crimes ou da autoria, acreditamos que esse dispositivo legal deve ser revogado.

---

[367] Artigo 3.º, n.º 2, da Lei 21/2007, de 12 de junho.

Assim, ainda que no nosso entender algumas modificações devessem ser feitas, o consenso por meio da mediação, nos termos da lei portuguesa, atende às necessidades de diminuir a estigmação relacionada ao funcionamento das instâncias formais de controle e de restabelecer as garantias processuais do cidadão. Com relação à redefinição hierárquica dos delitos, no entanto, temos maiores ressalvas.

Como dito acima, são muitas as restrições legais portuguesas para a adoção da mediação, fazendo com que os benefícios que estendemos estar relacionados a este modelo de resolução de conflito fiquem restritos a uma parcela pequena da criminalidade praticada, ainda que mais abrangente que no Brasil.

Além disso, um dos limites para a admissão da mediação é que não seja prevista para o delito pena superior a 5 anos de prisão (já bem maior que o de 2 anos para a conciliação no Brasil), critério que, como já detalhadamente tratamos (item 5.1.2, *supra*), não entendemos adequado por trazer seletividade ao sistema penal.

Ainda, entendemos ser criticável a exclusão de toda a criminalidade que envolva como vítima o Estado, bem como os crimes sem vítima. Apesar de a medição ter entre os seus benefícios a reparação do dano e a maior preocupação com a vítima, estes não são os únicos fatores que a norteiam. A escolha pelo processo de consenso está relacionada também às vantagens que traz para o arguido e para a sociedade, tanto no que tange à adoção de um meio de solução do litígio desburocratizado, como no que se refere à diminuição das cerimônias degradantes e à aplicação de penas adequadas ao caso concreto.

Também entendemos criticável a preferência pelos processos sumário e sumaríssimo em detrimento da mediação[368], pois, como já tratado (item 4.1, *supra*), estes procedimentos não estão orientados pelo consenso e sim pelos princípios da celeridade e oportunidade, razão pela qual mantêm todas as características negativas atreladas ao funcionamento tradicional das instâncias formais de controle.

Dessa forma, acreditamos ser essencial a ampliação do âmbito de atuação da mediação, aplicando-a para todos os delitos praticados sem violência ou grave ameaça (ver item 5.1.2, *supra*) e também para os crimes que tiverem esse desvalor na ação, quando as exigências de prevenção não impuser a aplicação excepcional da pena de prisão (ver item 5.1.3, *supra*).

---

[368] Artigo 2.º, n.º 3, e), da Lei 21/2007, de 12 de junho.

Apesar das críticas, a mediação penal já funciona em Portugal como um espaço de consenso que engloba a redefinição hierárquica dos bens jurídicos, subtraindo das instâncias formais de controle tradicionais muitas condutas criminalizadas, dando a elas um tratamento diferenciado, preocupado em não degradar e excluir socialmente o ofensor e em atender às necessidades da vítima, sem perder de vista a manutenção de importantes garantias penais e processuais penais que evitam o abuso das partes e o justo restabelecimento do conflito social causado pelo crime.

Para suprir o atraso legislativo brasileiro nesta matéria, a mediação penal portuguesa pode se apresentar, apesar das críticas acima, como um importante ponto de partida para a elaboração um texto legal que construa um verdadeiro espaço de consenso para a resolução do conflito causado pelo crime, sendo certo que os equívocos e lacunas legais da experiência portuguesa podem servir de alerta para não serem repetidos.

Assim, entendemos que a resolução da crise do sistema penal, no que tange aos crimes ditos de média gravidade, está em evolução em Portugal e deve ser seguido no Brasil, principalmente por meio da adoção de meios de resolução alternativa de litígio, como a mediação, que trouxe substanciais benefícios ao sistema penal, pois diminuiu o número de problemas submetidos à justiça criminal e possibilitou o tratamento mais digno e menos excludente dos desviantes, o que pode refletir positivamente nas taxas de reincidência e criminalidade. Ainda, esse avanço, garantido pelo reestabelecimento das garantias processuais, permitirá a aplicação da lei penal de maneira isonômica entre todos os integrantes da sociedade, sem abusos estatais ou das partes interessadas, deixando o processo desvinculado de qualquer interesse externo à justiça.

No entanto, somente esses avanços não são suficientes, mesmo com eles parte do problema se mantém, haja vista que as mudanças propostas não alteram a estrutura do sistema processual penal tradicional que, mesmo com a mediação, é utilizada em larga escala nos países que a implementaram. Como já dito, a mediação é um meio complementar de resolução do conflito penal, não sendo capaz de evitar o curso do processo penal clássico em diversas situações, seja pela falta de voluntariedade das partes[369], seja pela dificuldade de aceitação da sua aplicação nos casos de crimes graves.

---

[369] Artigo 5.º, n.º 1, da Lei 21/2007, de 12 de junho.

Não se pode perder de vista que, nos termos em que está se discutindo o sistema penal, o Estado mantém importante papel na intervenção penal nos processos que envolvem condutas que atinjam profundamente os valores sociais e, para esses casos, ainda deverão ser mantidas as suas características de direito público sancionatório a serviço e em defesa dos interesses públicos[370].

E são para esses casos, para os quais, como alertava Claudia Santos, *"nenhuma alternativa razoável ao direito criminal se apresentou ainda"*[371], que nasce uma nova proposta de processo penal orientada pela relação consensual entre Estado e arguido, como melhor maneira de se atingir o reestabelecimento das quebras da paz social e da norma jurídica causadas pelo crime. Cabe, portanto, a partir de agora, analisarmos esse novo modelo processual.

6.2. Consenso sobre a sentença em processo penal

Por muito tempo não se enxergava nenhuma outra solução capaz de solucionar ou minimizar, por meio do consenso, os problemas ordinários da justiça penal relacionados à criminalidade grave. Porém, recentemente, Jorge de Figueiredo Dias propôs a realização de acordos sobre a sentença em processo penal[372], oferecendo uma nova alternativa ao Estado e ao arguido de solucionarem os males causados pelo delito de um modo mais consensual, célere e econômico.

A proposta de acordos sobre a sentença em processo penal afasta-se do modelo de mediação ao manter a resolução dos conflitos penais dentro da estrutura estatal existente – ainda que remodelada – e não ter a finalidade direta de pacificação das relações interpessoais entre vítima e ofensor – muito embora seja possível e até desejável –, haja vista que em se tratando de crimes graves é importante manter a primazia do interesse público.

Por outro lado, como se verá abaixo, a possibilidade de utilização dos acordos sobre a sentença como meio para atingir uma tutela judicial efe-

---

[370] SANTOS, Claudia. A mediação penal, a justiça restaurativa e o sistema criminal – algumas reflexões suscitadas pelo anteprojeto que introduz a mediação penal "de adultos" em Portugal. In: *Revista Portuguesa de Ciência Criminal*, ano 16, nº 1, jan.-mar./2006. p. 89/90.
[371] Idem. Ibidem. p. 89.
[372] Na obra *Acordos sobre a sentença em processo penal: o fim do Estado de Direito ou um novo "princípio"?* Porto: Conselho Distrital do Porto da Ordem dos Advogados, 2011.

tiva surge como uma esperança de melhoria do sistema penal na relação arguido/Estado, buscando a consensualidade e o voluntarismo destes sujeitos processuais, além da celeridade e da economia de custos, princípios importantes, ainda que não finalísticos da busca pelo consenso.

Não obstante, como será tratado com mais detalhes abaixo, alguns pontos da proposta formulada por Jorge de Figueiredo Dias levantam dúvidas com relação a sua compatibilidade com os princípios que orientam o direito penal e processual penal português e brasileiro. Por isso, inclusive, a tentativa de sua aplicação em Portugal, sem entrar no mérito da *"bondade do instituto em face das finalidades últimas do direito penal"*, esbarrou no Supremo Tribunal de Justiça que decidiu ser inaplicável os acordos sobre a sentença sem alteração legislativa, *"pois que a letra e os actuais princípios que norteiam o processo penal não suportam uma interpretação que proclama a validade dos acordos negociados de sentença"*[373]. Com relação ao Brasil, a proposta também possui alguns pontos controvertidos, conforme será detalhadamente exposto abaixo.

Para melhor compreensão desse novo modelo proposto, é preciso fazer uma análise inicial dos seus fundamentos para, em seguida, verificar a sua compatibilidade com os princípios processuais que regulam o sistema penal português e brasileiro para, ao final, concluir sobre a possibilidade de realização de adoção do modelo de consenso sobre a sentença em processo penal como uma alternativa de consenso para a criminalidade grave em Portugal e no Brasil.

6.2.1. Acordos sobre a sentença em processo penal: o modelo proposto por Figueiredo Dias

De acordo com o raciocínio desenvolvido por Jorge de Figueiredo Dias, um *processo penal funcionalmente orientado* é uma exigência irrenunciável do Estado de Direito, uma vez que este tem o dever de realizar a justiça de maneira rápida e eficiente, transmitindo à sociedade confiança na funcionalidade das instituições públicas[374].

---

[373] Processo 224/06.7GAVZL.C1.S1, 3ª Secção, Relator Santos Cabral, julgado em 10.04.2013. Decisão disponível em <http://www.dgsi.pt/jstj.nsf/954f0ce6ad9dd8b980256b5f003fa814/533bc8aa516702b980257b4e003281f0?OpenDocument>, acesso em 12 de outubro de 2013.
[374] DIAS, Jorge de Figueiredo. *Ibidem*. p. 37.

Para que atinja esta finalidade, é imprescindível a prestação de uma tutela judicial efetiva (artigo 20.º da Constituição da República Portuguesa e artigo 5º, LXXVIII, da Constituição Federal brasileira), o que somente é possível atingir pelo *princípio do favorecimento do processo*, isto é, com a existência de meios judiciais eficientes para realização do direito[375].

No entanto, reconhece o referido autor que a grave crise generalizada[376] enfrentada pelo sistema penal impossibilita o Estado de Direito de cumprir com esta sua finalidade.

Com esse pano de fundo, e tocado pela intervenção do legislador alemão na matéria[377], Jorge de Figueiredo Dias apresentou como solução a possibilidade de realização de conversações e acordos sobre a sentença, instituto *"importante no alargamento das margens e estruturas de consenso no processo penal português, sem por isso afectar os seus fundamentos constitucionais ou sequer o modelo processual penal vigente"*[378].

O acordo sobre a sentença seria, então, o meio de dar efetividade ao *princípio do favorecimento do processo*[379], o qual é, para o autor, o fundamento jurídico-constitucional deste novo instituto[380], uma vez que ambos têm justamente como finalidade criar mecanismos para que a tutela judicial seja alcançada de maneira mais célere, econômica e efetiva, sem perder de vista os princípios que regem o processo penal.

Assim, a pretensão é inserir no processo penal a possibilidade de conversação e acordo sobre a sentença sem que o modelo basicamente acusatório integrado por um princípio subsidiário e supletivo de investigação oficial seja mitigado[381]. Para isso, admite o autor, é preciso construir um sistema eficaz e compatível com os princípios da investigação, da verdade material, da publicidade, da lealdade processual e do direito ao recurso[382].

---

[375] *Idem. Ibidem.* p. 38.
[376] *Idem. Ibidem.* p. 13
[377] Sobre a alteração da legislação alemã para incluir em seu ordenamento jurídico a possibilidade de acordos sobre a sentença, ver: DIAS, Jorge de Figueiredo. *Ibidem..* p. 23/24.
[378] *Idem. Ibidem.* p. 20
[379] Sobre o princípio do favorecimento do processo (ou princípio pro actione), ver: ANDRADE, José Carlos Vieira de. *A justiça administrativa*. 11. ed. Coimbra: Almedina, 2011. p. 436/438.
[380] DIAS, Jorge de Figueiredo. *Acordos sobre a sentença em processo penal: o fim do Estado de Direito ou um novo "princípio"?* Porto: Conselho Distrital do Porto da Ordem dos Advogados, 2011.. p. 38.
[381] *Idem. Ibidem.* p. 15/16.
[382] *Idem. Ibidem.* p. 32.

A partir de agora, então, passa-se a descrever qual o sistema de acordo em sentença penal proposto pelo autor para, posteriormente, analisar os pontos mais controvertidos acerca da matéria.

6.2.1.1. Descrição da sistemática dos atos para realização dos acordos sobre a sentença em processo penal

O acordo sobre a sentença busca alcançar a *"verdade e a realização da justiça"*[383] pelo consenso entre os sujeitos processuais, ou seja, pretende conseguir *"a solução de um problema em que participa construtivamente e de modo inclusivo – num ambiente em que todas as opiniões são respeitadas e todas as contribuições avaliadas – todo o grupo ou conjunto de pessoas directamente interessadas no problema"*[384].

Ainda na fase de inquérito podem ter início as conversações entre o arguido e o Ministério Público[385] com o intuito de esclarecer *questões relevantes para dedução da acusação*[386], seja atinente às decisões que cabem ao Ministério Público, seja ao modo como os fatos serão colocados ao juiz de instrução. Eventual acordo alcançado entre os sujeitos processuais deve ser registrado em ata[387].

Apesar de ser possível a conversação durante o inquérito, em virtude do princípio da legalidade, é vedada qualquer negociação com relação ao conteúdo e aos termos da acusação[388] (sobre isso, detalhadamente, item 6.2.2.1, *infra*). Assim, o consenso entre os sujeitos processuais tem como únicos objetivos buscar a verdade e simplificar o procedimento pela aproximação das partes, de modo que a acusação seja elaborada em consonância estrita com os fatos apurados em conjunto pelas partes.

Na sequência, após a delimitação do substrato fático do processo pela denúncia, por iniciativa de qualquer um dos sujeitos processuais[389], o

---

[383] *Idem. Ibidem.* p. 50.
[384] *Idem. Ibidem.* p. 22
[385] A participação do assistente não é necessária, mas é conveniente. (*Idem. Ibidem.* p. 102).
[386] *Idem. Ibidem.* p. 102.
[387] *Idem. Ibidem.* p. 103.
[388] Ao tratar da matéria, Jorge de Figueiredo Dias tem a preocupação de distanciar a proposta de acordos sobre a sentença do instituto anglo-americano do *plea bargaining*. (ibidem. p. 50). A questão também está tratada abaixo (item 6.2.2.1).
[389] *Idem. Ibidem.* p. 83.

arguido, o juiz, o Ministério Público e o assistente[390] podem ter conversações com o objetivo de realizarem um acordo sobre a sentença penal a ser proferida, cujo conteúdo e consequências devem ser limitados, de modo a não afetar os princípios que norteiam o processo penal.

A confissão constitui *autêntico pressuposto* do acordo sobre a sentença[391], a qual poderá ser total ou parcial. Ao admitir os termos da acusação – e na extensão que o fizer[392] –, o arguido renuncia à produção de provas acerca dos fatos imputados, considerando-se estes como provados, nos exatos termos do vigente artigo 344.º, nº 2, al. a), do Código de Processo Penal português (no Brasil, como será detalhado abaixo no item 6.2.2.3, os acordos sobre a sentença necessitaria de alteração legislativa, principalmente nesse ponto).

Para que o acordo sobre a sentença seja válido, o juiz deverá verificar se a confissão foi feita de livre vontade e fora de qualquer extorsão ou coação, bem como se é *"credível à luz dos factos constantes da acusação ou pronúncia"*[393].

Aspecto relevante sobre esta questão da culpabilidade é saber se o acordo sobre a sentença viola ou não os princípios processuais da investigação e da verdade, mas, devido à sua complexidade, a matéria será tratada separadamente abaixo (item 6.2.2.2).

Em seguida à detida avaliação do juiz sobre a credibilidade da confissão e considerado o fato jurídico objeto do processo como comprovado, a continuidade do acordo sobre a sentença passa por saber em que medida podem os sujeitos processuais entrar em consenso acerca da sanção a ser imposta.

A questão é complexa e está abaixo minuciosamente tratada (item 6.2.2.3), entretanto, limitando-se aqui à simples descrição do procedimento de acordo sobre a sentença, importa saber que na proposição de Jorge de Figueiredo Dias é vedada a estipulação de uma pena concreta – o

---

[390] A posição do assistente é peculiar, Figueiredo Dias defende *"que o assistente deva ser convidado a participar do procedimento de elaboração do acordo sobre a sentença sem todavia lhe ser concedido, em caso de aceitação do convite, o poder de invalidar o acordo alcançado pelo tribunal, pelo ministério público e pelo arguido"* (Ibidem. p. 87)

[391] Idem. Ibidem. p. 47

[392] O processo seguirá seu curso normal com relação às condutas constantes da denúncia e sobre as quais o arguido não confessou.

[393] DIAS, Jorge de Figueiredo. *Acordos sobre a sentença em processo penal: o fim do Estado de Direito ou um novo "princípio"?* Porto: Conselho Distrital do Porto da Ordem dos Advogados, 2011. p. 44.

que violaria o princípio da culpa –, devendo do acordo constar *"um limite máximo de pena que o tribunal se comprometa a não ultrapassar na sentença"*[394].

O aludido autor também admite a possibilidade de se fixar um limite mínimo de pena, mas considera que este não é um requisito obrigatório para a realização do acordo[395]. Igualmente, entende válida a atribuição de um limite mínimo e máximo para as penas acessórias[396]. Com relação à legitimidade de haver um consenso sobre a aplicação de uma pena substitutiva, considera possível apenas nos casos em que o limite máximo da pena principal estabelecido previamente não *ultrapassar o pressuposto formal de sua aplicação de uma pena de substituição*[397] (artigo 50.º, nº 1, do Código Penal português e artigo 44 do Código Penal brasileiro).

Por outro lado, ainda segundo Jorge de Figueiredo Dias, não é admissível acordo sobre medidas de segurança, uma vez que a decisão sobre a perigosidade do arguido é atribuição exclusiva do juiz[398]. Ainda, a perda de bens só será suscetível nas hipóteses em que não houver juízo de perigosidade.

Para que o acordo sobre a sentença tenha validade é imperativo que seu conteúdo conste obrigatoriamente da ata de audiência, dando-se publicidade ao ato (artigo 206.º da Constituição da República Portuguesa e artigo 5º, LX, da Constituição Federal Brasileira)[399].

Por certo, porém, que não estão impedidas conversações anteriores a sua celebração, uma vez que, se assim não fosse, a sua própria realização estaria praticamente inviabilizada. Contudo, por lealdade processual, o conteúdo das conversas que antecedem a realização do acordo, inclusive eventual confissão, não deverá ser divulgado ou valorado de qualquer forma como prova ao longo do processo nas hipóteses em que não se alcançar o acordo. E, pela mesma razão, devem ser recusadas as provas consequenciais (*fruit of the poisonous tree*) [400].

Por fim, é cabível recurso da sentença proferida após a realização do acordo, mas, pelos fatos confessados terem sido considerados comprova-

---

[394] Idem. Ibidem. p. 52.
[395] Idem. Ibidem. p. 59/62.
[396] Idem. Ibidem. p. 63
[397] Idem. Ibidem. p. 63/66.
[398] Idem. Ibidem. p. 66/67.
[399] Idem. Ibidem. p. 71/72.
[400] Idem. Ibidem. p.77/78.

dos, o seu conteúdo no que tange à culpabilidade estará limitado a algum vício da confissão (coação, etc.); por sua vez, as questões de direito também poderão ser discutidas em sede recursal, bem como o *quantum* da pena aplicada dentro da moldura penal estabelecida no acordo[401].

Em suma, *"o acordo sobre a sentença é um procedimento destinado a favorecer, simplificar e acelerar o decurso do processo; e é em vista desta finalidade que, na medida do possível e conveniente, se confere valor especial à confissão (ainda adequada à verdade) e se admite a fixação de limites da pena (ainda adequados à culpa e à prevenção)"*[402].

6.2.2. Análise das questões controversas relativas à harmonização do modelo de acordos sobre a sentença com os princípios processuais

Como apontado acima durante a descrição dos atos necessários para a realização dos acordos sobre a sentença, algumas questões devem ser analisadas detalhadamente em razão da possibilidade de estarem em conflito com princípios processuais que norteiam a persecução penal e que, por isso, não podem, ao menos sem uma profunda alteração legislativa, serem mitigados em função da execução desta nova proposição de modelo de resolução dos conflitos.

6.2.2.1. A promoção processual

A ideia de acordos sobre a sentença inevitavelmente traz à lembrança o instituto anglo-americano do *plea bargaining*, o que dá ensejo à formação de uma oposição quase automática em relação à realização daqueles, pois o artigo 219.º, n.º 1, da Constituição da República Portuguesa, estatui que o exercício da ação penal pelo Ministério Público está **orientado** pelo *princípio da legalidade*. Já no Brasil, o princípio da legalidade é percebido nos artigos 28, 42 e 572 do Código de Processo Penal.

É dizer: no processo penal português e brasileiro, por força do princípio da legalidade[403], *"o MP está obrigado a proceder e dar acusação por todas as infrac-*

---
[401] Idem. Ibidem. p.96.
[402] Idem. Ibidem. p. 61
[403] João Conde Correia identifica na doutrina quatro interpretações diferentes do princípio da legalidade previsto na Constituição da República Portuguesa, as quais se diferenciam relativamente ao maior ou menor grau de alargamento do seu sentido e dos seus limites (O

ções de cujos pressupostos – factuais e jurídicos, substantivo e processuais – tenha tido conhecimento e tenha logrado recolher, na instrução, indícios suficientes"[404].

É certo, porém, que a realização da justiça penal não passa necessariamente pela submissão a julgamento de todos quantos sejam indicados pala prática de um crime, admite-se também soluções **legais** de oportunidade[405] capazes de tutelar o bem jurídico protegido e alcançar a ressocialização do delinquente[406], nomeadamente a transação penal (artigo 76 da Lei nº 9.0099/95 brasileira), a suspensão condicional do processo (artigo 89 da Lei nº 9.0099/95 brasileira), a suspensão provisória do processo (artigo 281.º do CPP português), o processo sumaríssimo (artigo 392.º e ss. do CPP português), o arquivamento em caso de dispensa ou isenção da pena (artigo 280.º do CPP português), a fixação da competência pelo método da determinação concreta da pena (artigo 16.º, n.º 3, do CPP português)[407].

De todo modo, ainda que haja a possibilidade de soluções legais diversas da propositura da ação penal, é inegável que o princípio da legalidade, na extensão que possui em Portugal e no Brasil, veda a *plea bargaining*, *"práctica que consiste en la obtención por el acusado de una serie de concesiones oficiales a cambio de declararse culpable; es decir, que se trata de una institución consistente en*

---

papel do Ministério Público no regime legal da mediação penal. In: *Revista do Ministério Público*. Ano 28. n.º 112. out-dez/2007. p. 58/66) A discussão, no entanto, é irrelevante para o presente estudo, uma vez que os acordos sobre a sentença em processo penal é compatível até mesmo com a interpretação mais ortodoxa do princípio da legalidade penal.

[404] DIAS. Jorge de Figueiredo. *Direito Processual Penal.* v. 1. Coimbra: Coimbra editora, 1974. p. 126.

[405] Para uma análise detalhada da harmonização dos princípios da legalidade e da oportunidade, ver: CAEIRO, Pedro. Legalidade e oportunidade: a persecução penal entre o mito da "justiça absoluta" e o fetiche da "gestão eficiente" do sistema. In *Revista do Ministério Público*, ano 21, n.º 84, out-dez/2000. p. 31 e ss.; e TEIXEIRA, Carlos Adérito. *Princípio da oportunidade, manifestações em sede processual penal e sua conformação jurídico-constitucional.* Coimbra: Almedina, 2000.

[406] SILVA, Germano Marques da. *Curso de processo penal.* v. I. 6. ed. rev. e act. Lisboa: Verbo, 2010. p.90

[407] Sobre esses temas, ver: ANDRADE. Manuel da Costa. Consenso e oportunidade – reflexões a propósito da suspensão provisória do processo e do processo sumaríssimo. In: *Jornadas de direito processual penal – O novo Código de Processo Penal.* Coimbra: Almedina, 1995. p. 317 e ss.; e RODRIGUES, Anabela. Os processos sumário e sumaríssimo ou a celeridade e o consenso no Código de Processo Penal. In: *Revista Portuguesa de Ciência Criminal*, ano 6, nº 4, out./dez, 1996. p. 525 e ss. Especificamente sobre a suspensão provisória do processo, ver: TORRÃO, Fernando José dos Santos Pinto. A relevância político-criminal da suspensão provisória do processo. Coimbra: Almedina, 2000.

un «give-and-take» en donde el acusado cuando se declara culpable está esperando recibir un tratamiento menos severo (lenient treatment) por parte del órgano jurisdicional. Normalmente a ello se llegará por medio de un acuerdo entre la acusación y la defensa, en el cual ambas partes van a salir beneficiadas, no existiendo obstáculo para ello en la legislación estadounidense"[408].

Logo, apesar dos ordenamentos jurídicos português e brasileiro consagrarem soluções orientadas pelo princípio da oportunidade, em regra, a atuação do Ministério Público submete-se ao princípio da legalidade, o que não deixa espaço para uma menor severidade na análise dos fatos em benefício do arguido, isto é, para a realização de uma *justiça penal negociada*[409].

Entretanto, como bem enfatiza Figueiredo Dias, há uma *diversidade radical* entre os institutos: "*Nas conversações e acordos sobre a sentença aqui em vista deverá ser proibido ao tribunal, ao ministério público e ao arguido qualquer «negociação» tendente a alcançar um «equilíbrio dos interesses das partes», qualquer mercadejar com a justiça material, não se tratando neles de nenhuma «troca» ou «barganha»*"[410].

Em outras palavras, não se trata de negociação, mas de consenso. Nas hipóteses em que os sujeitos processuais não tenham as mesmas impressões acerca das questões de fato e de direito em discussão, não há qualquer possibilidade de ajuste das suas intenções para que se atinja uma solução diversa daquela indicada pelos elementos de informação colhidos na fase de inquérito.

Dessa forma, nos acordos sobre a sentença é absolutamente vedada a possibilidade de *negociação* entre os sujeitos processuais em qualquer fase do processo, seja com relação aos fatos, seja no que tange à qualificação jurídica da conduta, sob pena de violação do princípio da legalidade.

Daí, conclui-se que a possibilidade de realização de acordo sobre a sentença na fase judicial do processo não autoriza o Ministério Público a dei-

---

[408] GARCÍA, Nicolás Rodriguez. *La Justicia Penal Negociada: experiencias de derecho comparado.* Salamanca: Universidad de Salamanca, 1997. p. 34. Sobre o tema, na doutrina portuguesa, ver: ALBERGARIA, Pedro Soares de. *Plea Bargaining: aproximação à justiça negociada nos E.U.A.* Coimbra: Almedina, 2007.
[409] VALENTE, Manuel Monteiro Guedes. *Processo penal.* t. I. 2. ed. Coimbra: Almedina, 2009. p. 201.
[410] *Acordos sobre a sentença em processo penal: o fim do Estado de Direito ou um novo "princípio"?* Porto: Conselho Distrital do Porto da Ordem dos Advogados, 2011. p. 50.

xar de investigar e de acusar a pessoa por todos os fatos criminosos que tenha recolhido indícios suficientes dos pressupostos processuais.

Entretanto, a impossibilidade de ajuste sobre os fatos e a sua qualificação jurídica não impede os sujeitos processuais de iniciarem as conversações já na fase de inquérito visando um futuro acordo, pelo contrário, a rápida aproximação dos envolvidos é em todos os casos desejável.

Isso porque, correlativo ao princípio da legalidade está o princípio da indisponibilidade do objeto do processo, do qual decorre a imutabilidade do processo penal constituído[411], ou melhor, a impossibilidade de se modificar ou retirar a acusação uma vez deduzida[412].

Assim, uma acusação formulada com base em uma eventual compreensão equivocada dos fatos por parte do Ministério Público ou na ausência de informações relevantes que alterariam a situação jurídica sob averiguação não poderá, em regra, ser alterada na fase judicial[413], o que impossibilitaria a realização do acordo, uma vez que o arguido não confessará fatos diversos daquele que praticou e, mesmo que o faça, o tribunal tem o dever de vetar a sua realização em razão do vício da confissão e da violação ao princípio da verdade judicialmente válida.

Por isso, o sucesso dos acordos sobre a sentença passa justamente pela aproximação dos sujeitos processuais na fase de inquérito, não para que *negociem* o conteúdo da acusação, mas para que *esclareçam a verdade* e, sempre atrelado a ela, consigam entrar em *consenso* futuro sobre uma nova moldura da pena para o caso concreto, diferente daquela prevista abstratamente em lei (item 6.2.2.3, *infra*).

E de fato o que se pretende no modelo de acordos sobre a sentença é uma aproximação dos sujeitos processuais – em todas as fases do processo

---

[411] Em Portugal, excepcionando a regra, o artigo 359.º, n.º 3, do CPP, autoriza a alteração substancial dos fatos descritos na denúncia nos *"casos em que o Ministério Público, o arguido e o assistente estiverem de acordo com a continuação do julgamento pelos novos factos, se estes não determinarem a incompetência do tribunal"*.

[412] SANTOS, Manuel Simas, LEAL-HENRIQUES, Manuel, SANTOS, João Simas. *Noções de processo penal*. Lisboa: Rei dos livros, 2010. p. 41/42.

[413] No Brasil, a *mutatio libelli* (art. 384 do CPP brasileiro) permite o aditamento da denúncia nas hipóteses em que o juiz concluir que os fatos narrados na inicial são diversos daqueles que foram apurados na instrução. O aditamento da denúncia permite que a defesa se defenda dos novos fatos imputados, reiniciando o processo. Assim, a não aproximação das partes na fase de inquérito não só dificulta o consenso, como pode levar a duas instruções penais pelos mesmos fatos.

– para que juntos e consensualmente alcancem o mesmo resultado que se teria no processo penal tradicional, mas de uma maneira mais célere e econômica, além de menos degradante e desgastante para todos os envolvidos.

Assim, os acordos sobre a sentença representam uma solução para a lentidão e morosidade da justiça, questão central da crise do sistema penal que espalha na sociedade desconfiança sobre o seu funcionamento, colocando em risco, inclusive, a sua legitimidade.

Desse modo, se é mesmo *"impossível a existência de uma justiça penal estruturada e perspectivada segundo os ditames de um consenso absoluto"*[414], ao menos – e é o que se busca com os acordos sobre a sentença – *"a tentativa de consenso deve ser levada tão longe quanto possível, para o que importa melhorar sensivelmente as estruturas de comunicação entre os diferente (sic) sujeitos e as diferente (sic) formas processuais"*[415].

Enfim, por meio dos acordos sobre a sentença, tem-se a pretensão *"só (e é muito) de fomentar o desenvolvimento do processo, simplificando consensualmente o alcance da verdade e a realização da justiça"*[416].

6.2.2.2. Os princípios da investigação e da verdade

Como dito anteriormente, o processo penal português e brasileiro adotam um modelo basicamente acusatório integrado por um princípio subsidiário e supletivo de investigação oficial[417]. Então, em decorrência do princípio da investigação, *"atribui-se ao Tribunal o poder/dever de, por sua iniciativa e independentemente dos contributos dados pela acusação e pela defesa, proceder à realização das diligências que cuidar pertinentes no sentido de esclarecimento dos factos e da descoberta da verdade a respeito dos mesmos"*[418].

O artigo 340.º do Código de Processo Penal português e o artigo 156 do Código de Processo Penal brasileiro, por sua vez, consagram o princí-

---

[414] VALENTE, Manuel Monteiro Guedes. Ob. cit. p. 211.
[415] DIAS, Jorge de Figueiredo. Para uma reforma global do processo penal português. Da sua necessidade e de algumas orientações fundamentais. In: *Para uma nova justiça penal*. Coimbra: Almedina, 1983. p.220
[416] DIAS, Jorge de Figueiredo. *Acordos sobre a sentença em processo penal: o fim do Estado de Direito*
[417] Ibidem. p. 16.
[418] SANTOS, Manuel Simas, LEAL-HENRIQUES, Manuel, SANTOS, João Simas. Ob. Cit. p. 47. No mesmo sentido, ver: SILVA, Germano Marques da. Ob. Cit. p. 94.

pio da investigação judicial[419] ao estatuírem que o juiz poderá, de ofício, determinar a reforma, a complementação ou o esclarecimento dos corpos de delito por meio de novas diligências ou a repetição das já efetuadas.

Assim, ambos os ordenamentos jurídicos vedam que seja subtraído ou diminuído o poder-dever do tribunal de instruir supletiva e subsidiariamente a causa sujeita a julgamento[420].

Entretanto, na proposta de acordos sobre a sentença em processo penal, a confissão do arguido resulta na dispensa da produção de outras provas para averiguação da sua culpabilidade. É dizer: quando todos os sujeitos processuais aceitam o acordo – cujo pressuposto é a confissão –, não poderá o juiz instruir a causa em busca da verdade processualmente válida[421].

Em razão disso, coloca-se em dúvida a compatibilidade da realização de acordos sobre a sentença com os princípios processuais da investigação e da verdade[422], sendo este um obstáculo que se coloca para a aceitação desse novo modelo de resolução do conflito penal. Alega-se, também, que o dever que há de se provar judicialmente o fato é substituído pelo valor da confissão do arguido.

Por todas essas colocações, é inevitável que se indague: a realização do acordo sobre a sentença diminui o poder-dever de investigação do juiz orientado para a formação da sua convicção acerca da verdade dos fatos e da culpabilidade do arguido?

A resposta de Figueiredo Dias é negativa. Isso porque, de acordo com o autor, caberá ao Tribunal decidir *"em livre apreciação, se reputa a confissão*

---

[419] O princípio da investigação oficial também se manifesta nos artigos 290.º (fase da instrução), 323.º e 327.º (fase de julgamento), todos do Código de Processo Penal.
[420] DIAS, Jorge de Figueiredo. *Acordos sobre a sentença em processo penal: o fim do Estado de Direito ou um novo "princípio"?* Porto: Conselho Distrital do Porto da Ordem dos Advogados, 2011. p. 43.
[421] Como adverte Figueiredo Dias, *"naturalmente que essa verdade não é a narrativa construída pela acusação e a defesa, dita «verdade formal». Mas também não é integralmente a factualidade (a «facticidade») histórica do real acontecido, mesmo que na sua relevância para as exigências normativas do caso: é sim esta facticidade combinada com as – e por consequência condicionada e limitada pelas – exigências impreteríveis de garantia dos direitos das pessoas face ao Estado. (...). A verdade que se procura, mesmo através da actuação do princípio da investigação oficial é (...) a verdade processualmente válida, hoc sensu, a verdade judicial"* (*Ibidem*. p. 49).
[422] As críticas são de autores alemães que se posicionam contrariamente aos acordos sobre a sentença em processo penal. Para indicação bibliográfica sobre o tema, principalmente no sentido de haver violação aos princípios da investigação e da verdade, ver: Figueiredo Dias. (*Ibidem*. p. 46, notas 49, 50 e 51).

credível à *luz dos fatos constantes da acusação ou da pronúncia*"[423], de modo que uma "*confissão livre e credível é aquela que corresponde ao resultado da actuação do princípio da investigação*"[424]. Logo, o "*fundamento da conclusão sobre o processo probatório será sempre a livre convicção do tribunal acerca da factualidade efectivamente ocorrida*"[425].

E, segundo cremos, assiste razão a Figueiredo Dias. O princípio da investigação judicial está intimamente ligado à busca da verdade processualmente válida no processo penal[426] e, para isso, o juiz detém o poder de determinar a realização de diligências para o esclarecimento dos fatos e argumentos trazidos pelos outros sujeitos processuais. Como consequência, a autorização da investigação oficiosa pelo tribunal funciona como uma barreira para a possibilidade de negociação entre acusação e defesa sobre o objeto do processo, de modo que não pode ser mitigada, sob pena de uma aproximação indesejada do sistema processual de matriz continental do instituto do *bargaining plea* vigente no modelo anglo-saxônico – e é isso que os críticos dos acordos pretendem evitar[427].

Nos acordos sobre a sentença, o tribunal mantém intacta esta sua função fiscalizadora. A sua realização tendo como premissa a confissão do arguido não retira do juiz o poder-dever de realizar diligências para a formação do seu convencimento e busca da verdade, pelo contrário, o consenso entre os sujeitos processuais somente será perfeito e admitido nos casos em que o juiz estiver totalmente convencido da liberdade da confissão[428] e, mais importante, ter verificado que o seu conteúdo é credível à luz dos fatos narrados na denúncia.

Como dito anteriormente, o acordo deverá constar da ata de audiência, mas, além do que ficou pactuado, deverá constar também da ata a decisão

---

[423] DIAS, Jorge de Figueiredo. *Acordos sobre a sentença em processo penal: o fim do Estado de Direito ou um novo "princípio"?* Porto: Conselho Distrital do Porto da Ordem dos Advogados, 2011. p. 44.
[424] Idem. Ibidem. p. 47.
[425] Idem. Ibidem. p. 45.
[426] SILVA, Germano Marques. Ob. Cit. p. 101.
[427] Criticando um modelo de consenso alemão parecido com o aqui defendido justamente em razão da aproximação do sistema penal americano, ver: SCHÜNEMANN, Bernd. Crisis del procedimiento penal: marcha triunfal del procedimiento penal americano en el mundo. In: SCHÜNEMANN, Bernd. *Temas actuales y permanentes del derecho penal después de milenio*. Madrid: Tecnos, 2002.
[428] A confissão nunca será livre quando o arguido não tiver total capacidade de discernimento ou nos casos em que houver indícios de falta de voluntariedade em razão de coação.

sobre a validade da confissão, a qual deverá ser fundamentada, especificando-se os motivos de fato e de direito que levaram o juiz a concluir que a confissão foi livre, sem coação e compatível com os fatos constantes da denúncia (artigo 97.º, n.º 5, do CPP português e 93, IX, da Constituição Federal brasileira). Só assim será possível saber que o tribunal exerceu a sua atividade de maneira eficaz e de acordo com o princípio da investigação.

Pela mesma razão, é imperativo que a confissão seja judicial, sendo certo que qualquer outra confissão somente produzirá efeitos para fins de acordos sobre a sentença se renovada diante do tribunal.

Desse modo, o juiz deverá apreciar o teor da denúncia em conjunto com o da confissão e, a partir disso, formar a sua convicção sobre a verdade da culpabilidade do arguido. Por certo que, havendo dúvida relativa aos fatos ou à confissão, o tribunal deverá realizar diligências para dirimi-la antes do acordo[429].

Nessa parte, com relação ao processo penal português, o procedimento de acordos sobre a sentença em nada é diferente do que já acontece atualmente nas hipóteses do artigo 344.º, n.º 1 e 2, al. a) e b), do CPP português, no qual está previsto que no caso de confissão integral e sem reservas, realizada de livre vontade e fora de qualquer coação, o arguido renunciará à produção de prova relativa aos fatos, considerando-os provados, seguindo o processo às alegações orais.

Apesar da confissão para a realização de acordo sobre a sentença ter algumas diferenças quando comparada com a prevista no artigo 344.º do CPP[430], nas duas hipóteses os pressupostos e consequências são exatamente iguais[431], de modo que o modelo proposto, no que tange à confissão, não altera em nada o sistema processual penal português vigente.

No Brasil, apesar de não haver previsão legal para a renúncia à produção de provas no caso de confissão, se uma alteração legislativa a vier introduzir não encontrará nenhuma limitação legal. Em primeiro lugar porque não

---

[429] A confissão nunca será livre quando o arguido não tiver total capacidade de discernimento ou nos casos em que houver indícios de falta de voluntariedade em razão de coação.

[430] Enquanto os acordos sobre a sentença em processo penal abrangem todos os delitos, o artigo 344.º do Código de Processo Penal não é aplicável aos crimes puníveis com pena de prisão superior a 5 anos (n.º 3, al. c)), ficando a critério do tribunal a necessidade de produção da prova nos crimes punidos acima do limite legal (n.º 4).

[431] Em ambos os casos o juiz deverá verificar se o pronunciamento foi de livre vontade, sem coação e credível à luz da denúncia, bem como ensejará a renúncia à produção de outras provas.

configura restrição a direito fundamental, já que consiste em discricionariedade do réu escolher confessar ou não. Depois porque, na prática, na atual redação do Código de Processo Penal brasileiro, em última instância, cabe ao réu escolher se produzirá ou não prova em seu favor, pois, na hipótese de não arrolar testemunha no momento oportuno ou requerer qualquer outra diligência ao longo da instrução, pode, sem que isso configure qualquer irregularidade, renunciar a toda possibilidade de prova a ele disponibilizada. Além disso, ao final, poderá confessar os fatos, também sem impedimento legal. Nesses casos, assim como se propõe para os acordos sobre a sentença, caberá ao juiz analisar se a condenação está em consonância com as provas acostadas aos autos, verificando a sua credibilidade. Somete assim, já na redação atual do Código de Processo Penal brasileiro, poderá o juiz condenar ou absorver o acusado.

Contudo, em qualquer caso, deve-se ressaltar que o pronunciamento de culpa do arguido não pode ser realizado nos termos simplórios do *guilt plea*, no qual a pessoa simplesmente se declara culpada ou não[432]. Justamente para que o tribunal tenha meios de avaliar a credibilidade da confissão à luz do conteúdo da denúncia, o arguido deverá ser minucioso, abordando todos os fatos relevantes para a verificação da verdade.

Entretanto, permanecendo a incerteza acerca da liberdade ou credibilidade da confissão ou se não estiver o juiz totalmente convencido da culpabilidade do arguido, o tribunal não poderá aceitar a realização do acordo e deverá invalidar a declaração do arguido, pois, nesse caso, a sua continuidade violaria o princípio da investigação judicial.

Assim, fica claro que o tribunal tem à disposição a investigação oficial para que se convença da culpabilidade do arguido e de que os fatos apresentados na denúncia e na confissão correspondem à verdade processualmente válida, estando a todo tempo ao seu domínio o poder de não concluir o acordo e seguir com o processo penal tradicional. Por isso, Figueiredo

---

[432] DIAS, Jorge de Figueiredo. *Acordos sobre a sentença em processo penal: o fim do Estado de Direito ou um novo "princípio"?* Porto: Conselho Distrital do Porto da Ordem dos Advogados, 2011. p. 45. Em sentido contrário, ainda que tratando da confissão realizada nos termos do artigo 344.º do CPP, no Código de Processo Penal comentado pelos promotores do Ministério Público do Porto consta que na confissão o arguido *"pode limitar-se a dizer 'é tudo verdade', sem necessidade de ir sendo confrontado, ponto por ponto, com os factos imputados"* (PORTUGAL. *Código de Processo Penal: comentários e notas práticas*. Coimbra: Coimbra, 2009. p. 863).

Dias afirma que *"confissão livre e credível é aquela que corresponde ao resultado da actuação do princípio da investigação"*[433].

Muito embora a confissão – e seus efeitos – no procedimento de acordos sobre a sentença seja compatível com os princípios da investigação e da verdade, é preciso verificar algumas questões práticas que, no nosso entender, podem dificultar a sua aplicabilidade e que também foram levantadas pelo Supremo Tribunal de Justiça ao rejeitar a adoção deste modelo de consenso em Portugal[434].

O primeiro aspecto relevante é o que se entende por confissão integral e parcial, sendo certo que a diferenciação dever ser feita por duas vertentes distintas.

Ao afirmar que os acordos sobre a sentença podem ser realizados no caso de confissão parcial, parece-nos que Figueiredo Dias referia-se às hipóteses de concurso de crimes, o que significa dizer que se o arguido confessar um delito e não outro o acordo será possível com relação àquele e não a este.

No entanto, pode-se dizer também que há uma confissão parcial quando o arguido não concorda com todos os fatos relevantes para a imputação criminal, negando, por exemplo, uma situação pessoal que seja elemento típico do crime. Nestes casos, entendemos que não poderá haver acordo, haja vista a necessidade de esclarecimento do ponto controvertido.

Outrossim, é relevante saber as consequências da confissão do arguido que concorda com os fatos constantes da denúncia, mas discorda da incriminação imputada[435]. A questão é de difícil solução, uma vez que, em

---

[433] *Acordos sobre a sentença em processo penal: o fim do Estado de Direito ou um novo "princípio"?* Porto: Conselho Distrital do Porto da Ordem dos Advogados, 2011. p. 47.

[434] De acordo com o Supremo Tribunal de Justiça *"em termos da pretendido acordo negociado fica sem resposta questões memorizadas, mas nem por isso com menos relevância, e que vão desde a situação dos compartícipantes, quando apenas alguns confessarem, até à admissibilidade do acordo se forem imputados vários crimes em concurso que podem englobar, ou não, crimes puníveis com pena cujo limite máximo seja superior a cinco anos"* (Processo 224/06.7GAVZL.C1.S1, 3ª Secção, Relator Santos Cabral, julgado em 10.04.2013. Decisão disponível em <http://www.dgsi.pt/jstj.nsf/954f0c e6ad9dd8b980256b5f003fa814/533bc8aa516702b980257b4e003281f0?OpenDocument>, acesso em 12 de outubro de 2013.).

[435] Apesar de não ter tratado do assunto, Figueiredo Dias entende possível a interposição de recurso *"no que respeita à qualificação jurídica dos factos provados"*, do que é possível concluir que, para o referido autor, é possível a realização de acordos sobre a sentença nos casos em que não há consenso sobre a imputação.

alguns casos, a divergência na qualificação jurídica de um mesmo fato incontroverso implica numa pena muito maior ou menor.

Além disso, nestas situações, é difícil pensar na fixação pelo tribunal de um máximo de pena a ser aplicado no caso concreto se os sujeitos processuais não estão em consenso com relação à qualificação jurídica do fato. Ainda, a aceitação de acordos sobre a sentença com a alteração da incriminação imputada abre uma margem indesejada para que os sujeitos processuais *negociem* dentro do processo, o que é inadmissível dentro de um sistema processual penal norteado pelos princípios da legalidade e da indisponibilidade do objeto.

Por essas razões, entendemos que a harmonização deste novo modelo com os princípios basilares do processo penal constitucional só é alcançada com a impossibilidade de acordo nos casos em que não houver consenso sobre a qualificação jurídica do fato[436].

Mais uma questão que deve ser levantada é a possibilidade de realização de acordo nos casos de concurso de pessoas *"a quem são imputados factos entre os quais haja um nexo de comparticipação, causa ou efeito, continuação, ocultação ou reciprocidade"*[437].

Para que haja um verdadeiro consenso entre os sujeitos processuais, é imprescindível que todos os co-arguidos confessem integral e *coerentemente*[438]. Se assim não for, o processo penal deverá seguir seu curso tradicional para todos os envolvidos, nos mesmos termos do artigo 344.º, n.º 3, a), do CPP português, que proíbe a renúncia na produção da prova em razão da confissão quando *"Houver co-arguidos e não se verificar a confissão integral, sem reservas e coerente de todos eles"*.

Isso porque as contradições ou imprecisões das declarações exigirão a produção de provas para o convencimento do juiz acerca da culpabilidade dos arguidos, sob pena de mitigação dos princípios da investigação e da verdade. E, ainda, considerando a similitude dos fatos, não atende à finalidade dos acordos de buscar uma tutela mais efetiva a sua realização

---

[436] Analisando os efeitos da confissão prevista no artigo 344.º do CPP, Paulo Pinto de Albuquerque defende a aceitação da confissão e a consequente renúncia à produção de outras provas nos casos em que há discordância apenas com relação à qualificação jurídica (Comentário do Código de Processo Penal. 3 ed. act. Lisboa: Universidade Católica Editora, 2009. p. 865).
[437] ALBUQUERQUE. Paulo Pinto de. Ob. cit. p. 866.
[438] STJ, de 19.12.96, in CJ, Acs. do STJ, 4, 3, 214.

para uns e não para outros, quando serão produzidas provas judiciais, que aproveitam a todos, para esclarecimento da verdade.

6.2.2.3. A medida da pena

Outro ponto controvertido que se coloca com relação aos acordos sobre a sentença é a possibilidade ou não de os sujeitos processuais consensualmente acordarem sobre a alteração da moldura legal da pena para o caso concreto, estabelecendo-se um novo limite máximo que o tribunal se compromete a não ultrapassar na aplicação da pena.

Como já dito, a proposta de acordos sobre a sentença tem como pressuposto a confissão do arguido, o que, em muitos casos, revelaria, segundo Figueiredo Dias, uma *menor necessidade da pena* e, consequentemente, das *exigências de prevenção*[439], por ser o seu comportamento processual valorável para efeito da medida da pena.

Em virtude disso, o referido autor propõe que à confissão válida seja atribuído um *efeito atenuante*[440], "*de tal modo que o máximo da pena estabelecido no acordo poderá (deverá) ser mais baixo, por vezes porventura substancialmente, do que o que seria se aquela não tivesse tido lugar*"[441].

A eventual impossibilidade de um acordo nesses termos decorre do artigo 71.º, n.ºs 1 e 2, do Código Penal português, e do artigo 59 do Código Penal brasileiro, cujos conteúdos permite-nos afirmar que "*ao Tribunal, e só a ele, pertence ponderar todas as circunstâncias do caso que relevam para a culpa e a prevenção e, em função delas, encontrar o exato quantum da pena*"[442].

No entanto, para Figueiredo Dias, não há violação do referido postulado, uma vez que "*a fixação da medida da pena, em função de todos os critérios e factores relevantes, continua reservado ao momento da elaboração da sentença e, por consequência, ao tribunal*"[443].

Para melhor entender o problema, primeiramente é importante diferenciar as duas primeiras fases da determinação da pena, nomeadamente

---

[439] DIAS, Jorge de Figueiredo. *Acordos sobre a sentença em processo penal: o fim do Estado de Direito ou um novo "princípio"?* Porto: Conselho Distrital do Porto da Ordem dos Advogados, 2011. p. 54.
[440] Idem. Ibidem. p. 54/55.
[441] Idem. Ibidem. p. 54.
[442] Idem. Ibidem. p. 51.
[443] Idem. Ibidem. p. 52.

a investigação e determinação da moldura penal (pena aplicável) e *a determinação concreta da pena* (pena aplicada).

No Brasil, a pena aplicável é definida em função do enquadramento que o juiz faz da conduta a um fato típico (fundamental, qualificado ou privilegiado), servindo-se da moldura da pena abstratamente prevista pelo legislador para o crime. Somente depois disso, o magistrado, levando em consideração as circunstâncias do artigo 59 do Código Penal, passará a aplicar a pena ao caso concreto.

Dessa forma, no primeiro momento, não há discricionariedade alguma do juiz. Cabe a ele apenas dar o enquadramento legal à conduta e utilizar os parâmetros de pena mínima e máxima definidos pelo legislador (moldura da pena). Somente depois, com a moldura da pena definida, é que o magistrado passa a levar em consideração as circunstâncias do caso concreto para, dentro do mínimo e do máximo definido previamente, alcançar a pena justa para o acusado.

Assim, qualquer modelo processual que se propusesse a modificar esse segundo momento da aplicação da pena, no qual o juiz age com uma discricionariedade limitada pelas circunstâncias do artigo 59 do Código Penal brasileiro (além das causas de aumento e diminuição de pena, das agravantes e atenuantes), seria ilegal.

Entretanto, a proposta de consenso sobre a sentença propõe uma alteração legislativa que modifique apenas a primeira parte da aplicação da pena, isto é, a do enquadramento da conduta numa moldura de pena previamente definida pelo legislador. Para que o consenso sobre a sentença seja aplicável no Brasil, propõe-se a criação de uma forma privilegiada pra todos os crimes tipificados, prevendo a redução do mínimo e do máximo da pena abstratamente prevista para um crime qualquer numa fração fixa (1/6, por exemplo).

Exemplifica-se: um crime previsto na modalidade simples com pena de 6 a 12 anos, caso fosse solucionado por meio do consenso sobre a sentença, seria tipificado na forma privilegiada, isto é, com redução da moldura legal pela fração definida previamente. Logo, se a fração fosse de 1/6, a nova moldura penal do aludido crime, na forma privilegiada, seria de 5 a 10 anos. Dentro desse novo enquadramento, o juiz continua livre para aplicar a pena ao caso concreto, sempre levando em consideração as circunstâncias do artigo 59 do Código Penal brasileiro.

Vale dizer que não há nenhuma novidade jurídica na proposta, haja vista que o Código Penal brasileiro já prevê, para alguns crimes, molduras penais diferentes para o mesmo delito quando praticado na modalidade simples ou qualificada, sem que isso importe em nenhuma ilegalidade. Além disso, a confissão já é, nos termos do artigo 65, III, "d", do Código Penal brasileiro, uma atenuante genérica, justamente porque valora positivamente o comportamento processual do acusado.

Por certo que, na proposta que se faz, não seria necessário modificar todos os artigos da parte especial do Código Penal brasileiro, pois um só artigo poderia regular o procedimento dos acordos sobre a sentença prevendo, para esses casos, a redução da moldura legal de todos os delitos, levando-se em consideração que a *menor necessidade da pena* e das *exigências de prevenção*[444].

Portanto, para a consolidação da proposta de acordos sobre a sentença no Brasil, apenas o momento de fixação do enquadramento da conduta no tipo legal sofreria alteração, de modo que a discricionariedade do juiz para auferir a medida da pena não seria afetada.

Em Portugal também não se vê impedimento para a proposta. Isso porque, a fase de *investigação e determinação da moldura penal* (pena aplicável) se inicia com o enquadramento do fato a um tipo legal. Em seguida, ainda dentro desta fase de pena aplicável – diferentemente do que ocorre no Brasil –, o juiz deve verificar a existência de circunstâncias modificativas agravantes e atenuantes e, havendo, deverá modificar a moldura, alterando o seu limite máximo, ou só o mínimo, ou ambos, para cima (agravantes) ou para baixo (atenuantes), de acordo com a previsão legal[445].

Encerrada a determinação da moldura penal, o juiz passa à fixação concreta da pena, sempre com observância do princípio da culpa que proíbe a imposição de *pena sem culpa ou que a medida da pena ultrapasse a medida da culpa*[446]; e do princípio da congruência, para o qual "*só finalidades relativas de prevenção, geral e especial, não finalidades absolutas de retribuição e expiação, podem justificar a intervenção do sistema penal e conferir fundamento e sentido às suas reacções específicas*"[447].

---

[444] DIAS, Jorge de Figueiredo. *Acordos sobre a sentença em processo penal: o fim do Estado de Direito ou um novo "princípio"?* Porto: Conselho Distrital do Porto da Ordem dos Advogados, 2011. p. 54.
[445] DIAS, Jorge de Figueiredo. *Direito Penal Português: as consequências jurídicas do crime*. Coimbra: Coimbra, 2011. p. 198/208.
[446] Idem. Ibidem. p. 73.
[447] Idem. Ibidem. p. 72.

A aparente contradição entre os princípios é, a nosso ver, só aparente, sendo que a harmonização dos seus conceitos se dá pela *teoria da moldura da prevenção*. Por essa corrente, a pena concreta será fixada em última análise em função da necessidade de prevenção especial, mas o *quantum* exato da pena não será definido dentro da moldura legal abstratamente determinada pelo legislador e sim por uma nova moldura formada pela necessidade de prevenção especial positiva que tem como máximo o ponto ótimo da pena para tutelar o bem jurídico violado e as expectativas sociais e como limite mínimo aquela abaixo do qual a pena já não é comunitariamente aceitável. A culpa, por sua vez, é o limite máximo da pena, o qual nunca poderá ser ultrapassado por qualquer consideração de prevenção[448].

Agora, tendo em perspectiva as duas primeiras etapas que o tribunal obrigatoriamente deve atravessar para fixação em concreto da pena em Portugal, percebe-se que somente a primeira delas está dentro do âmbito do acordo sobre a sentença, a fase da pena aplicável, ou seja, só a fixação de uma nova moldura legal da pena para casos concretos, não a pena em si, esta deixada para o momento da sentença.

Resta saber, no entanto, se a adoção desse procedimento que inclui os demais sujeitos processuais na determinação da pena aplicável viola a competência exclusiva do tribunal de determinação da pena exata.

No Brasil, não há qualquer violação, já que, como dito, o Código Penal já prevê figuras qualificadas e privilegiadas de alguns crimes, como o de homicídio. A única diferença é que, na presente proposta, essa figura privilegiada seria aplicável a todos os delitos, o que não afeta a atividade do juiz na aplicação da pena concreta, ato que se sucede à definição do enquadramento legal da conduta.

Da mesma forma, em Portugal, na fase da *investigação e determinação da moldura penal* (pena aplicável) a atuação do juiz está restrita a identificação no ordenamento jurídico do fato típico ao qual a conduta se submete e a verificação de circunstâncias agravantes ou atenuantes comuns e específicas para modificação da moldura penal nos estritos termos da lei.

É o que se verifica, por exemplo, nas hipóteses de atenuação especial da pena em virtude da existência de "*circunstâncias anteriores ou posteriores*

---

[448] Nesse sentido, explicando a teoria da moldura da prevenção, ver: DIAS, Jorge de Figueiredo. *Ibidem*. p. 227/231; e ANTUNES, Maria João. *Consequências jurídicas do crime: lições para os alunos da disciplina de Direito Penal III da Faculdade de Direito da Universidade de Coimbra*. Coimbra, 2010-2011. p. 31.

ao crime, ou contemporâneas dele que diminuam por forma acentuada a ilicitude do facto, a culpa do agente ou a necessidade de pena" (artigo 72.º, n.º 1, do CP português), pois, muito embora a atenuação especial da pena esteja restrita a casos *extraordinários* ou *excepcionais*[449] em que o juiz verifique a *"acentuada diminuição da culpa ou das exigências de prevenção"*[450], a alteração da moldura penal decorre diretamente da lei (artigo 73.º do CP português).

Daí fica evidente que não há por parte do juiz, ao menos nesta fase, uma apreciação íntima da necessidade da pena, seja em função da prevenção geral ou da especial, apenas a delimitação da quantidade abstrata da pena já definida pelo legislador àqueles casos. Há, na verdade, a subsunção de fatos verificados no caso concreto ao que a norma penal determina, sendo que somente depois *a pena será concretamente fixada em função dos critérios da culpa e da prevenção dentro da moldura penal especialmente atenuada*[451].

Não é por outra razão que Figueiredo Dias afirma que *"a fixação da medida da pena, em função de todos os critérios e factores relevantes, continua reservada ao momento da elaboração da sentença e, por conseguinte, ao tribunal"*[452].

Assim, alcançamos a conclusão de que a participação do arguido e do Ministério Público na fixação desta primeira fase da pena não afeta, de modo algum, a atribuição exclusiva do juiz de aplicação do *quantum* final da pena, seja porque ela de fato não foi determinada – e sim sua moldura –, seja porque não há nesse momento uma valoração por parte do tribunal da necessidade de prevenção geral e especial para o caso.

A partir disso, há que se verificar se é possível a realização desses acordos sem uma alteração legislativa – como proposto por Jorge de Figueiredo Dias[453] –, pois, apesar de como visto não existir conflito entre a competência exclusiva do tribunal na fixação do montante final da pena e a participação dos sujeitos processuais na definição da nova moldura legal, não há nenhuma lei que autorize este procedimento, seja no Brasil, seja em Portugal.

---

[449] DIAS, Jorge de Figueiredo. *Direito Penal Português: as consequências jurídicas do crime.* Coimbra: Coimbra, 2011. p. 307.
[450] *Idem. Ibidem.* p. 306.
[451] ANTUNES, Maria João. Ob. Cit. p. 50.
[452] *Acordos sobre a sentença em processo penal: o fim do Estado de Direito ou um novo "princípio"?* Porto: Conselho Distrital do Porto da Ordem dos Advogados, 2011. p. 52.
[453] *Idem. Ibidem.* p. 111.

No Brasil, a resposta negativa nos parece clara. Apesar de não vislumbrarmos qualquer incompatibilidade da proposta aqui formulada com o ordenamento brasileiro, a inexistência de legislação específica regulando a matéria, principalmente no que tange à possibilidade de renúncia à produção de prova com a confissão e a figura privilegiada para os crimes em geral que reduz a moldura legal dos delitos, não permite o consenso sobre sentença sem prévia alteração legislativa.

Já em Portugal, no nosso entender, a questão é diversa. No entanto, foi justamente nesse ponto que se apegou o Supremo Tribunal de Justiça para rejeitar a proposta de Figueiredo Dias. De acordo com a Corte, foi excluída da redação do artigo 344.º do CPP a possibilidade de *"que uma confissão integral e sem reservas poderia, por si mesma, constituir fundamento de atenuação especial da pena"*, de modo que *"o direito processual português não dá qualquer proteção à expectativa do arguido que confessa em relação à sua pena"*[454]. Assim, ainda segundo o posicionamento do Supremo Tribunal de Justiça, *"a confissão operada (...) tem na sua génese promessa de uma vantagem que não é legalmente admissível"*[455], sendo, por isso, nula em virtude do disposto no artigo 126, n.º 1 e n.º 2, e), que proíbe a produção de provas por meio de *"promessa de vantagem legalmente inadmissível"*.

Muito embora assista razão ao Supremo Tribunal de Justiça quando sustenta que o artigo 344.º do CPP não permite conferir à confissão uma atenuação especial da pena, deve-se dizer que a proposta de acordo sobre a sentença se apega a este dispositivo legal apenas no que tange à observância aos princípios da investigação e da verdade (item 6.2.2.2, *supra*), não buscando nele fundamento para atenuação da pena em decorrência da confissão.

Assim, no que se refere à medida da pena, o modelo de acordo sobre a sentença não busca acolhida legal no artigo 344.º do CPP, mas sim nos casos de atenuação especial da pena previstos no artigo 72.º do CP. Isso porque, as circunstancias previstas no rol do artigo 72.º, n.º 2, do CP são **exemplificativas**[456], sendo plenamente possível incluir em suas hipóteses

---

[454] Processo 224/06.7GAVZL.C1.S1, 3ª Secção, Relator Santos Cabral, julgado em 10.04.2013. Decisão disponível em <http://www.dgsi.pt/jstj.nsf/954f0ce6ad9dd8b980256b5f003fa814/533bc8aa516702b980257b4e003281f0?OpenDocument>, acesso em 12 de outubro de 2013.
[455] *Idem*.
[456] DIAS, Jorge de Figueiredo. *Direito Penal Português: as consequências jurídicas do crime*. Coimbra: Coimbra, 2011. p. 304; e ANTUNES, Maria João. Ob. Cit. p. 49.

a confissão válida, que além de demonstrar uma boa conduta processual do arguido e, por ventura, uma necessidade menor de pena, também serve a realização de uma tutela judicial eficaz, simplificada e célere, finalidades do Estado de Direito[457].

Dessa forma, diferentemente do sustentado pelo Supremo Tribunal de Justiça, entendemos que o ordenamento jurídico português permite a atenuação da pena em virtude da confissão, nomeadamente no artigo 72.º, n.º 2, do CP, não constituindo, portanto, prova obtida por *"promessa de vantagem legalmente inadmissível"*.

Por isso, em Portugal, consideramos ser admissível o estabelecimento de um consenso entre os sujeitos processuais sobre uma nova moldura penal a ser aplicada ao caso concreto em razão de uma atenuação especial da pena nos casos em que houver confissão válida do arguido. Já no caso brasileiro, como dito, a reforma legislativa prévia seria indispensável.

No entanto, algumas ressalvas são obrigatórias para se aclarar esse nosso entendimento. A primeira delas – e a mais importante – é que a posição adotada nesse trabalho difere do posicionamento de Figueiredo Dias em um ponto substancial: enquanto Figueiredo Dias entende que os sujeitos processuais podem estabelecer qualquer moldura penal desde que adequada à culpa e ao conteúdo do ilícito[458], entendemos que a nova moldura penal deveria ser fixada, no caso português, por analogia, em função dos critérios legalmente estabelecidos no artigo 73.º do CP para as causas de atenuação especial da pena, o que se admite apenas nos casos em que o tribunal entender que há uma *gravidade* diminuída e que a modificação atende à necessidade de prevenção geral e especial. Já no Brasil, a redução do enquadramento legal deveria ser definida legalmente, também ressalvando a sua aplicabilidade, como se faz em Portugal, aos casos em que o juiz entender que a nova moldura penal atende à necessidade de prevenção geral e especial. Na hipótese de o juiz entender que essas finalidades da pena não serão alcançadas na hipótese de redução da moldura legal, deverá ele recusar a solução consensual, remetendo o processo ao trâmite tradicional.

Essa diferença de entendimento, além de permitir que se aplique em Portugal a proposta de acordos sobre a sentença com fundamento na legis-

---

[457] DIAS, Jorge de Figueiredo. *Acordos sobre a sentença em processo penal: o fim do Estado de Direito ou um novo "princípio"?* Porto: Conselho Distrital do Porto da Ordem dos Advogados, 2011. p. 55.
[458] Idem. Ibidem. p. 53/54.

lação vigente, também tem reflexo direto na questão da antecipação do pronunciamento judicial. Isso porque, segundo entendemos, o único modo do juiz fixar por conta própria (mesmo que consensualmente) um limite máximo da pena que respeite a necessidade de prevenção e, ao mesmo tempo, comprometa-se a não ultrapassar, é fazendo um juízo prévio da determinação da medida concreta da pena.

Tanto é assim que, como admite Figueiredo Dias, na práxis alemã, a pena final é a mesma ou muito próxima do limite estabelecido no acordo[459]. Ainda segundo o aludido autor, tal fato é explicado por não ter o tribunal encontrado motivo relevante para alteração do prognóstico feito na celebração do acordo[460]. E não é exatamente o que se deve evitar, que o tribunal faça um prognóstico antecipado da pena a ser aplicada?

Por essa razão, entendemos que só se harmoniza com os princípios que regulam a aplicação da pena um entendimento diverso, no qual a alteração da moldura legal decorre da lei – ainda que, como no caso, por analogia – e é permitida apenas aos casos em que a confissão e o comportamento processual do arguido demonstrem uma necessidade menor de pena.

Uma segunda ressalva que deve ser colocada é no sentido de possibilitar a produção de prova relativamente à situação pessoal, familiar e profissional do arguido[461]. Isso porque, na segunda fase da aplicação da pena, quando o tribunal deverá estabelecer o seu *quantum* exato, serão relevantes informações sobre o arguido, a fim de que se faça uma avaliação justa da necessidade de prevenção especial no caso concreto.

Por fim, uma última ressalva deve ser feita relativamente à afirmação de Figueiredo Dias no sentido de que o arguido confesso *"não pode esperar fundadamente uma absolvição"* [462]. Obviamente que se consideradas apenas as questões de fato, é impossível pensar numa absolvição, uma vez que foram consideradas provadas (artigo 344.º, n.º 2, a)). Entretanto, entendemos que não há obstáculo algum para que o juiz absolva o arguido com fundamento em questões de direito.

---

[459] *Idem. Ibidem.* p. 53.
[460] *Idem. Ibidem.* p. 53.
[461] Nesse sentido, ao tratar da confissão feita nos termos do artigo 344.º do CPP: ALBUQUERQUE, Paulo Pinto de. Ob. Cit. p. 866
[462] *Acordos sobre a sentença em processo penal: o fim do Estado de Direito ou um novo "princípio"?.* Porto: Conselho Distrital do Porto da Ordem dos Advogados, 2011. p. 52.

6.2.3. Considerações finais acerca do acordo sobre a sentença

Por tudo que foi exposto, percebe-se que ainda são muitas as questões – principalmente práticas – que precisam ser discutidas com o intuito de construir-se um meio eficaz de resolução dos conflitos penais e, assim, responder aos anseios comunitários e às necessidades de um sistema em crise.

No Brasil, a distância para implementação desta proposta é imensa, haja vista que nem mesmo para os delitos de média gravidade possuímos soluções pautadas pelo consenso, como a mediação. Além disso, algumas alterações legislativas seriam necessárias, principalmente para prever a possibilidade da confissão qualificada pela análise judicial resultar na renúncia à produção de prova, bem como para se criar uma figura privilegiada para todos os crimes, dando novo enquadramento aos delitos caso o juiz entenda, no caso concreto, que a nova moldura legal atende às finalidades de prevenção geral e especial. No entanto, esse modelo já em execução na Alemanha e em discussões avançadas em Portugal, pode trazer uma nova perspectiva para o sistema penal do Brasil que, atualmente, pautado pelas diretrizes do *law and order*, busca dar celeridade e efetividade à justiça por meio do binômio penalização-antigarantismo.

Em Portugal, não obstante o Supremo Tribunal de Justiça tenha rejeitado, a nosso ver, equivocadamente, o modelo de acordos sobre a sentença – e que isso tenha levado a Procuradoria-Geral da República a determinar aos seus membros que *"se abstenham de promover ou aceitar a celebração de acordos sobre sentenças penais"*[463] –, importantes passos haviam sido dados pela aceitação inicial do modelo de acordos sobre a sentença por alguns dos intervenientes no processo penal. É o caso, por exemplo, da Orientação n.º 1/2012, emitida pela Procuradoria-Geral Distrital atuante junto ao Tribunal da relação de Lisboa, cujo conteúdo sugere aos membros do Ministério Público do Distrito que respondam afirmativa e receptivamente à proposição de Figueiredo Dias[464]. No mesmo sentido, manifestou-se a Procuradoria-Geral Distrital de Coimbra em memorando publicado em 19 de Janeiro de 2012[465].

---

[463] Diretiva n.º 2/2014.
[464] Disponível em: <http://www.pgdlisboa.pt/pgdl/docpgd/doc_mostra_doc php?nid=153&doc=files/doc_0153.html>, acessado em 09de junho de 2012.
[465] Disponível em: <http://www.oa.pt/upl/%7Bee0e9275-cf60-4420-a2f4-840bd0c0bb2b%7D.pdf>, acessado em 09de junho de 2012.

No entanto, o que por um lado é positivo, por outro cria preocupações. Isso porque a implementação dos acordos sobre a sentença no processo penal português não é simples e deve seguir regras rígidas, sob pena de violação dos princípios basilares da regulação jurídico-processual.

E foi justamente o que aconteceu no primeiro caso de que se teve notícia de aplicação prática deste novo modelo em Portugal, realizado no dia 1.º de Fevereiro de 2012, perante o 2.º juízo do Tribunal Judicial de Ponta Delgada. A falta de regulamentação legal específica – e certamente a inexperiência de todos nesta matéria – fez com que o julgamento ficasse muito próximo de uma justiça negociada, o que é absolutamente incompatível com o ordenamento jurídico português. Pelo que se pode perceber da descrição dos acontecimentos no acórdão[466], o consenso que pressupõe a participação de todos os sujeitos do processo não contou com a participação ativa do tribunal, pelo contrário, segundo consta, o Ministério Público e o arguido foram deixados sozinhos, por quinze minutos, em busca do consenso, sendo que o tribunal não participou da definição da nova moldura penal adequada ao caso concreto, o que é sempre necessário.

Por essa razão, ainda que como abordado acima entendamos que o ordenamento jurídico português permite a aplicação do modelo de acordo sobre a sentença de maneira imediata, a nosso ver, é de vital importância a intervenção do legislador para se estabeleça os seus limites, sem, contudo, obstar a sua realização.

Por exemplo, entendemos necessária a alteração legislativa para prever que o insucesso na tentativa de obtenção do consenso deverá ensejar a adoção da via processual tradicional e a redistribuição do caso para outros juízes e promotores, uma vez que aqueles que participaram das conversações, inevitavelmente, levarão internamente todo o conteúdo dito, ainda que não conste dos autos. Ademais, para o aperfeiçoamento desse modelo de consenso, é preciso levar à fase de inquérito policial as garantias processuais do arguido, até para que ele possa ter uma participação ativa na produção das provas, apontar as suas divergências, fazer requerimentos, tudo para que se torne possível a obtenção da verdade pelo consenso, não pela atuação isolada das instâncias formais de controle. Além disso, a inclusão da confissão no rol do artigo 72.º, n.º 2, do CP serviria para superar os

---

[466] Disponível em: <http://www.oa.pt/upl/%7Be1d66fed-a2ac-4ef3-94b4-81a106ae11c3%7D.pdf>, acessado em 09de junho de 2012.

obstáculos levantados pelo Supremo Tribunal de Justiça. Outrossim, por se tratar de consenso entre as partes, seria salutar a promulgação de uma lei que permitisse a aplicação desse modelo para todos os delitos não submetidos à mediação, independentemente da pena a ser aplicada, haja vista que, atualmente, por estar escorado no disposto no artigo 344.º do CPP, a sua aplicação está ainda limitada aos crimes punidos com pena de prisão não superior a 5 anos (n.º 3, c)) No entanto, como se vê, são pontos que precisam ser aperfeiçoados, mas que não constituem óbice para a aplicação imediata desse modelo de consenso[467].

De todo modo, apesar das dificuldades, entendemos que a possibilidade de realização de acordos sobre a sentença é um importantíssimo mecanismo de consenso que inicia – ainda que com percalços – seu curso dentro do processo penal português com a missão de dar maior efetividade à tutela jurisdicional sem mitigar as garantias fundamentais do arguido, caminho que, no nosso entender, deveria também começar a ser trilhado no Brasil.

Na verdade, consideramos que o acordo sobre a sentença vem auxiliar na construção de um novo sistema penal que sem dúvida está em formação, baseado no consenso e na aproximação dos envolvidos diretos – como é o caso da mediação – ou dos sujeitos processuais.

Assim, se este novo modelo não atende às finalidades da mediação de aproximação e pacificação da relação entre a vítima e o autor e de menor participação das instâncias formais de controle na reação aos conflitos penais, ao menos aparece ao lado desta para complementá-la (nos casos em que não for possível a diversão) ou ter aplicação subsidiária (quando, por qualquer motivo, o conflito levado à mediação não for pacificado).

---

[467] No nosso entender, a tentativa de impedir a aplicação imediata dos acordos sobre a sentença está inserida nos movimentos de resistência às propostas de modificação profunda do sistema penal que se apegam "à existência de pontos polêmicos, embora de menor relevância", enquanto, na verdade, o real interesse é manter o *status quo*, isto é, a burocracia, "*a coerência e a sistematização, embora demoradas*". Para tanto – e para transmitir à sociedade uma aparência de mudança – esses movimentos optam por "*reformas particulares, pontuais*", que servem, "*principalmente, para operar como cortina de fumaça destinada a não permitir aos destinatários da norma uma visão clara de sua ideologia conservadora e da consequente aplicação de uma política criminal baseada nos movimentos de Lei e Ordem*" (cf. ARAUJO JUNIOR, João Marcello. As reformas parciais e o sistema penal ou nada acontece por acaso. In: PENTEADO, Jaques Camargo. *Justiça Penal 4*: críticas e sugestões: provas ilícitas e reforma pontual. São Paulo: Revista dos Tribunais, 1997. p. 150).

Por fim, é importante ressaltar que a evolução das respostas aos conflitos penais com o estabelecimento de mecanismos de consenso só estará completa e atingirá os resultados esperados se estiver atrelada a uma *mudança de mentalidade*[468] dos sujeitos processuais e dos estudiosos do direito, isto é, quando estes estiverem mais receptivos a estas novas propostas – e seus inquestionáveis benefícios à justiça penal e a todos os sujeitos processuais – em detrimento de velhas e, em certa medida, ultrapassadas concepções clássicas do direito penal e processual penal.

---

[468] Expressão utilizada por Figueiredo Dias (*Ibidem*. p.114).

CONCLUSÃO

De acordo com o estudo desenvolvido acima, entendemos que a crise do sistema penal está fundada nos seguintes motivos:

1. *Roubo do conflito*: o Estado assumiu o monopólio do poder de punir para utilizá-lo como mecanismo para manutenção do poder, controle social e arrecadação, não para pacificar as relações sociais e solucionar o problema causado pelo crime.

2. *Burocracia e lentidão*: para legitimar a exclusividade do uso da força, o Estado transmitiu à sociedade a ideia de que o ordenamento jurídico representa a vontade popular, de modo que, ao punir um infrator, o faz em benefício da comunidade, para que a vontade coletiva prevaleça (legitimação jurídico-racional). Para sustentar essa ilusão, tornou-se necessário evitar contradições entre as normas jurídicas, uma vez que não pode haver diferentes versões do que seria a *vontade popular*. A consequência disso foi a construção de um sistema penal rigidamente organizado por atos subsequentes, no qual a decisão final acerca da interpretação da Lei fica a cargo de um órgão (centralização), hierarquicamente superior aos demais, tornando o processo penal vagaroso e burocrático.

3. *Descrédito social*: a estrutura burocratizada e lenta do sistema penal se tornou incompatível com as exigências de uma sociedade ime-

diatista, acostumada à rápida solução dos problemas nas demais áreas de relacionamento (econômica, por exemplo). Aliado a isso, o aumento da criminalidade e a disseminação da cultura do medo resultaram na falta de confiança da população na capacidade da justiça criminal de resolver os problemas causados pelo delito.

4. *Expansão do direito penal*: o aumento da criminalidade e a pressão popular por uma justiça penal que conseguisse resolver os problemas causados pelo crime levaram ao endurecimento penal, especialmente no que tange aos crimes de rua e pequenas incivilidades (pichação, vandalismo, por exemplo), pois essas condutas, por serem praticadas à vista das pessoas, foram eleitas como aquelas que deveriam ser combatidas para devolver o sentimento de segurança à sociedade. Além disso, o surgimento de novos bens jurídicos resultou num aumento da quantidade de condutas tipificadas. O endurecimento penal contra a pequena criminalidade fez crescer a seletividade do sistema penal e, aliado ao surgimento de novos delitos, aumentou significativamente a quantidade de processos e acabou saturando o sistema penal.

5. *Estigmatização do arguido*: a aplicação de sanções penais para pequenos crimes e a ampliação da aplicação de prisões cautelares e definitivas elevaram o número de pessoas submetidas às cerimônias degradantes do sistema penal tradicional e atingidas pelos efeitos negativos da desviação secundária, circunstâncias que refletiram na não diminuição das taxas de reincidência e criminalidade.

6 *Supressão de garantias fundamentais*: a cobrança popular por uma justiça penal célere resultou em reformas legislativas e de posicionamentos dos Tribunais que, por um lado, diminuíram as garantias processuais dos arguidos no que tange à produção de provas e aos meios recursais disponíveis, como, por exemplo, nos processos sumário e sumaríssimo, e, por outro, ampliaram os meios de prova à disposição do Ministério Público e abrandaram as exigências e requisitos para a admissão da prova no processo. A adoção desse caminho para se conseguir uma prestação jurisdicional célere representa um retrocesso nas conquistas obtidas pelos cidadãos

para limitar o *ius puniendi* estatal e aumenta a probabilidade de haver abusos e injustiças na aplicação da lei penal.

7. *Falta de envolvimento dos sujeitos processuais com os fatos*: a organização dos órgãos estatais de justiça afastam o Ministério Público e o juiz dos fatos praticados, deixando-os à mercê dos relatos policiais. Essa realidade se agrava com o pouco envolvimento da vítima e do ofensor (que participa dos atos processuais, quase sempre, representado por seu defensor). Dessa forma, em grande parte das vezes, a resposta penal aplicada ao caso se distancia da realidade dos fatos, da sanção esperada pela vítima e da punição adequada ao arguido, afastando, assim, o sistema penal da realização da justiça.

Nos termos em que foram apresentados nesse estudo, entende-se que o consenso e seus meios processuais podem representar alternativas viáveis para auxiliar na resolução de todos os elementos que envolvem a crise do sistema penal se aplicados da seguinte maneira:

1. *Devolução do conflito*: a aproximação das partes e o diálogo entre os envolvidos proporcionados pelos modelos de consenso possibilitam à vítima e ao ofensor buscarem a solução mais adequada para restabelecerem a relação rompida pela prática do delito. Mesmo nos crimes em que, em razão de sua natureza, a maior participação do Estado é essencial, a vítima pode participar e contribuir na reconstrução dos fatos e na busca por soluções, ainda que não possa vetar o consenso alcançado pelos demais sujeitos processuais. Assim, o problema penal deixa de ser resolvido em favor dos interesses do Estado e passa a atender aos interesses dos envolvidos e da sociedade, isto é, ao invés de ter a finalidade de controle social, manutenção do poder e arrecadação, a resposta ao delito se volta para a pacificação das relações sociais e para a reparação dos danos sofridos pela vítima.

2. *Simplificação do processo*: o processo penal atual é marcado pelo conflito, pela oposição entre as partes que praticam atos unilaterais e, depois, são contraditadas pelo sujeito processual adverso. Nesses espaços de conflito a única maneira de manter a igualdade entre as

partes é pela abertura de prazos sucessivos, possibilitando o contraditório. Esse sistema induz as partes a se comportarem de maneira litigiosa, a se manifestarem em contrário ao que foi dito pela outra. Por sua vez, o processo de consenso segue em sentido oposto. A aproximação e o diálogo entre os sujeitos processuais permitem a apuração dos fatos e das circunstâncias em que o crime foi praticado de uma maneira consensual, na qual todos auxiliam no esclarecimento e na solução do problema, evitando a realização de atos processuais reiterados, desnecessários e contraditórios, circunstâncias estas que acabam afastando o processo da verdade e estendendo-o no tempo. Não obstante os interesses sejam diversos, todos se beneficiam com uma solução mais rápida – evita a estigamatização – e justa para o crime, o que serve de estimulo para que busquem o consenso.

Além disso, como os modelos de consenso devolvem o litígio aos envolvidos, o sistema penal não precisa mais se legitimar na manutenção de um ordenamento jurídico que representa a vontade do povo, pois a resposta ao crime não foi imposta exclusivamente pelo Estado, mas em conjunto com os envolvidos. Desse modo, a sanção se legitima no consenso alcançado entre arguido, vítima e Estado. Essa nova realidade permite a busca por soluções diversas, que atendam as especificidades de cada caso, afastando a necessidade de se manter uma interpretação coesa do ordenamento jurídico e, consequentemente, a burocracia que envolve a centralização da interpretação da lei em um órgão hierarquicamente superior aos demais. Ainda que o recurso a Tribunais superiores se mantenha como uma opção, o consenso obtido tende a diminuir a necessidade de adoção desses caminhos processuais para buscar uma interpretação legal que se entenda mais justa.

A mudança de postura dos sujeitos processuais e a desnecessidade de legitimar a punição na ilusão de que a lei é coesa e de que seu conteúdo representa a vontade popular resultam na obtenção de uma solução para o problema causado pelo crime por meio de um processo desburocratizado e, na maior parte das vezes, célere e mais efetivo.

3. *Credibilidade da justiça penal*: a desburocratização do processo penal, a diminuição de atos protelatórios – que poderão dar maior celeridade ao procedimento – e a obtenção de uma sanção capaz de pacificar as relações sociais quebradas pelo delito, devem transmitir à sociedade a percepção de que a justiça penal é capaz de resolver satisfatoriamente os problemas relacionados ao crime, devolvendo credibilidade ao sistema penal.

4. *Redefinição hierárquica dos bens jurídicos*: a diferenciação do desvalor das condutas permitirá que as ilegalidades que não possuam características comuns possam ser geridas diferentemente pelos modelos de consenso, aplicando-se a cada caso uma resposta penal mais adequada para a pacificação social (incluindo as exigências de prevenção) e para a recuperação do delinquente. Assim, pretende-se avançar em relação ao paradigma iluminista que substituiu as penas corporais pela pena de prisão, adotando-se penas que não estigmatizem ou dessocializem o desviante, mantendo a previsão de pena restritiva de liberdade apenas para as hipóteses em que houver violência ou grave ameaça física, psíquica ou moral, e que não seja possível a aplicação de outra sanção para atender as necessidades da culpa e exigências de prevenção. Além disso, essa redefinição proposta permitirá excluir do âmbito de proteção da justiça criminal as condutas que ofendam bens jurídicos satisfatoriamente protegidos por mecanismos não penais, diminuindo significantemente a demanda processual submetida ao sistema penal. Dessa forma, os modelos de consenso poderão gerir diferentemente as ilegalidades e evitarão se tornar uma saída processual para excluir clandestinamente da esfera penal as pequenas *incivilidades*.

5. *Menor estigmatização*: a simplificação dos atos processuais pode representar uma menor estigmatização do arguido em razão da diminuição das cerimonias degradantes a que é submetido. Além disso, a aproximação entre as partes em um espaço de consenso traz mais humanidade para a resolução do problema penal, substituindo uma relação hierarquizada, na qual o ofensor está submisso ao poder e à decisão do Estado, por um diálogo horizontal, em que o arguido sabe que violou a norma, mas não se sente excluído em

virtude disso. Por fim, a participação da vítima na resolução do problema pode levar ao perdão, o que para o ofensor, psicologicamente, é muito importante para reconstrução da imagem que tem de si. A aliança desses fatores positivos pode refletir numa menor estigmatização do desviante, dificultando a sua dessocialização e diminuindo os efeitos negativados da desviação secundária, aspectos que podem auxiliar na diminuição das taxas de criminalidade e reincidência.

6. *Reestabelecimento das garantias fundamentais*: os modelos processuais de consenso devem estar pautados no respeito às garantias fundamentais do arguido, pois só assim será possível manter a horizontalidade das relações, reconstruir os fatos sem que prevaleça a vontade de uma das partes e limitar as penas nas exigências de culpa e prevenção. A não observância das garantias poderá levar ao desvirtuamento do consenso, aproximando a justiça penal da vingança privada, nos casos em que a vítima adote o papel de protagonista, ou possibilitando o abuso do Estado que poderia *coagir* o arguido a concordar (não consensualmente) com a sanção proposta por meio de uma ameaça velada de aplicar uma pena mais rígida no processo comum subsidiário.

7. *Envolvimento de todos os sujeitos processuais com os fatos*: por não representar uma justiça negociada, o consenso praticamente obriga as partes a se manterem fiel aos fatos ocorridos. Isso porque se o Ministério Público acusar excessivamente ou a vítima exagerar na sua versão, o arguido vai discordar da narrativa impossibilitando o consenso. Por sua vez, se o arguido mentir sobre o que verdadeiramente aconteceu e existirem provas em sentido contrário, o Ministério Público também não chegará a um consenso e a vítima não aceitará a versão apresentada. Já o juiz somente conseguirá verificar a inexistência de coação do arguido na confissão se aprofundar o seu conhecimento acerca dos fatos. A necessidade de não exagerar na acusação e na defesa fará com que Ministério Público e juiz não se fiem quase que exclusivamente em papéis elaborados pela polícia; e que vítima, arguido e defensor auxiliem na reconstrução fiel dos fatos. Nos modelos de consenso, portanto, os fatos não serão

narrados e apresentados aos magistrados apenas por documentos escritos e simples depoimentos em juízo, mas pelo diálogo entre todos os envolvidos, para que a verdade venha à tona e os excessos e falsas memórias sejam deixadas de fora do processo. O consenso levará pessoa e não papéis a julgamento. Assim, a possibilidade de se atingir o consenso pode fazer com que os sujeitos processuais vivam o conflito mais de perto, reconstruam os fatos com uma proximidade maior do que verdadeiramente aconteceu, propiciando uma resposta penal mais adequada e justa.

8. *Mediação e acordos sobre a sentença*: os dois modelos de consenso analisados possibilitam a conjunção de todos os elementos apontados como indispensáveis para se tentar solucionar os problemas do sistema penal, pois permitem a aproximação dos sujeitos processuais para que busquem uma solução adequada aos interesses de todos os envolvidos, com menor estigmatização e atenta à recuperação do arguido, o que se faz por meio de um rito processual menos burocrático, que atende às necessidades de prevenção e às exigências sociais por uma justiça capaz de resolver o problema causado pelo crime, sem perder de vista a manutenção das garantias fundamentais dos cidadãos.

REFERÊNCIAS BIBLIOGRÁFICAS

ABREU, Carlos Pinto de. A ineficácia do sistema penal na proteção à vítima e a mediação penal: um mal necessário ou uma solução há muito possível e quase sempre esquecida?. In: *Revista do Ministério Público*. Lisboa, v. 30, n. 118. abr./jun., 2009.

AGRA, Cândido Mendes Martins da; CASTRO, Josefina. Mediação e justiça restaurativa: esquema para uma lógica do conhecimento e da experimentação. In: *Revista da Faculdade de Direito da Universidade do Porto*. Ano 2, 2005.

ALBERGARIA, Pedro soares de. *Plea Bargaining: aproximação à justiça negociada nos E.U.A*. Coimbra: Almedina, 2007.

ALBUQUERQUE, Paulo Pinto de. *Comentário do Código de Processo Penal*. 3. ed. act. Lisboa: Universidade Católica Editora, 2009.

ALVES, Airton Buzzo. Mediação penal interdisciplinar. In: *Boletim IBCCrim*. Fev. 2007. Ano 15, n. 171.

ANDRADE, Manuel da Costa. Consenso e oportunidade – reflexões a propósito da suspensão provisória do processo e do processo sumaríssimo. In: *Jornadas de direito processual penal – O novo Código de Processo Penal*. Coimbra: Almedina, 1995.

ANDRADE, Manuel da Costa; ANTUNES, Maria João; SOUSA, Susana Aires de (Org.). *Estudos em homenagem ao Prof. Doutor Jorge Dias de Figueiredo Dias*. v. I. Coimbra: Coimbra Editora, 2009.

ANDRADE, Mauro Fonseca. *Sistemas Processuais Penais e seus Princípios Reitores*. Curitiba: Juruá, 2008.

ANDRADE, José Carlos Vieira de. *A justiça administrativa*. 11. ed. Coimbra: Almedina, 2011.

ANITUA, Gabriel Ignacio. *Histórias dos Pensamentos Criminológicos*. Rio de Janeiro: Revan, 2008.

ANTUNES, Maria João. *Consequências jurídicas do crime: lições para os alunos da disciplina de Direito Penal III da Faculdade de Direito da Universidade de Coimbra*. Coimbra, 2010-2011.

ARAUJO JUNIOR, João Marcello de. Os grandes movimentos de política criminal do nosso tempo – aspectos. *Sistema penal para o 3º milênio*. Rio de Janeiro: Renavan, 1990.

ARNAUD, André-Jean. *O direito entre modernidade e globalização: lições de filosofia do Direito e do Estado*. Trad. Patrice Charles Wuillaume. Rio de Janeiro: Renovar, 1999.

BARATTA, Alessandro. *Criminologia crítica e crítica do Direito penal: introdução à sociologia do Direito penal*. 2 ed. Rio de Janeiro: ICC/Freitas Bastos Editora, 1999.

BAUMAN, Zygmunt. *Modernidade líquida*. Rio de Janeiro: Zahar, 2001.

_____. *Archipiélago de excepciones*. Trad. Albino Santos Mosquera. 1 ed. Barcelona: Katz e CCCB, 2005.

_____. *Identidade: entrevista à Benedetto Vecchi*. 1ª ed. Rio de Janeiro: J. Zahar Editor, 2005.

BITENCOURT, Cezar Roberto. *Tratado de Direito Penal*: parte 1. 19 ed. São Paulo: Saraiva, 2013.

BOBBIO, Norberto. *Estado, Governo e Sociedade: para uma teoria geral da política*. 11 ed. Rio de Janeiro: Paz e Terra, 1987.

BOTTINI, Pierpaolo Cruz. Novas regras sobre prescrição retroativa: comentários breves à Lei 12.234/2010. In: *Boletim IBCCrim*. Jun. 2010. Ano 18, n. 211.

BRANDARIZ GARCIA, José Ángel. *Política Criminal de la exclusión*. Granada: Comares, 2007.

BREDA, Antonio Acir. Aspectos da crise do sistema processual brasileiro. In: *Revista de Direito Penal*. Rio de Janeiro, n. 28, jul./dez. 1979.

BRUNNER, Heinrich. *História Del derecho germânico*. Barcelona: Editorial Labor, 1936.

BULGARELLI, Waldirilio. *Questões atuais de direito empresarial*. São Paulo: Malheiros, 1995.

_____. *Problemas do direito brasileiro atual*. Rio de Janeiro: Renovar, 1998.

BUFFON, Marciano. *Tributação e dignidade humana: entre os direitos e deveres fundamentais*. Porto Alegre: Livraria do Advogado, 2009.

CAEIRO, Pedro. Legalidade e oportunidade: a persecução penal entre o mito da "justiça absoluta" e o fetiche da "gestão eficiente" do sistema. In: *Revista do Ministério Público*, ano 21, n.º 84, out-dez/2000.

CALLEGARI, André Luis (org). *Política Criminal, Estado e Democracia*. Rio de Janeiro: Lumen Juris, 2007.

CALLEGARI, André Luis; GIACOMOLLI, Nereu José (Orgs.). *Direito penal do Inimigo: Noções e críticas*. 2 ed. Porto Alegre: Livraria do Advogado, 2007.

CALLEGARI, André Luis; WEBBER, Suelen. *O Mito do punir mais é melhor: reflexos da expansão do Direito Penal fomentada pela mídia*. Disponível em: < http://www.ibccrim.org.br/artigo/10640-O-Mito-do-punir-mais-%C3%A9-melhor:-reflexos-da-expans%C3%A3o-do-Direito-Penal-fomentada-pela-m%C3%ADdia.>, acesso em 25.08.2014.

CALMON, Pedro. *Curso de Teoria Geral do Estado*. 6 ed. Rio de Janeiro: Freitas Bastos, 1964.

CANOTILHO, J.J. Gomes. *Direito Constitucional e Teoria da Constituição*, Coimbra: Livraria Almedina, 1997.

CARVALHO, Salo de. *Antimanual de criminologia*. 4. Ed. Rio de Janeiro: Lumen Juris, 2011.

CASSIRER, Ernest. *A filosofia do Iluminismo*. Campinas: Editora Unicamp, 1992.

CASTRO, Maria João Padez; MARCOS, Rui de Figueiredo (coords.). *Orações de sapiência da Faculdade de Direito: 1856-2005*. Coimbra: Imprensa da Universidade de Coimbra, 2007.

CERVINI, Raúl. *Os processos de descriminalização*. 2 ed. São Paulo: Revista dos Tribunais, 2002.

CHEVALLIER, Jaques. *O Estado pós-moderno*. Belo Horizonte: Fórum, 2009.

REFERÊNCIAS BIBLIOGRÁFICAS

CHRISTIE, Nils. Conversa com um abolicionista minimalista. In: *Revista Brasileira de Ciências Criminais*. Ano 6, nº 21, jan./mar., 1998.

_____. *Limits to pain*. Eugene: Wipf & Stock, 2007.

COMBLIN, José. *O neoliberalismo: ideologia dominante na virada do século*. 3 ed. Petrópolis: Vozes, 1999.

CORREIA, Eduardo. A evolução histórica das penas. In: *Boletim da Faculdade de Direito*. Vol. 53. Ano 1977. Coimbra.

CORREIA, João Conde. O papel do Ministério Público no regime legal da mediação penal. In: *Revista do Ministério Público*. Ano 28. n.º 112. out-dez/2007.

COSTA, Mario Júlio de Almeida; MARCOS, Rui Manoel de Figueiredo (colaborador). *História do Direito Português*. 5 ed. rev. e act. Coimbra: Almedina, 2012.

COSTA, Domingos Barroso da. Da modernidade à pós-modernidade, do positivismo ao pós-positivismo: sobre a exposição da crise de legitimidade do sistema penal brasileiro pelas transformações da sociedade e do direito. In: *Revista Brasileira de Ciências Criminais*. São Paulo, v. 20, n. 94, jan./fev. 2012.

COSTA, José de Faria. Diversão (desjudicialização) e mediação: que rumos?. In: *Boletim da Faculdade de Direito da Universidade de Coimbra*. vol. XLI. Ano 1985.

COSTA, José de Faria; SILVA, Marco Antonio Marques da Silva. *Direito penal especial, processo penal e direitos fundamentais* – Visão luso-brasileira. São Paulo: Quartier Latin, 2006.

COUTINHO, Jacinto Nelson de Miranda. Efetividade do processo penal e golpe de cena: um problema às reformas processuais no Brasil. In: *Boletim da Faculdade de Direito*. v. 78. Coimbra: Coimbra, 2002.

DALLARI, Dalmo de Abreu. Elementos de Teoria Geral do Estado. 30 ed. São Paulo: Saraiva, 2011.

DALLARI, Dalmo de Abreu. *Elementos de teoria geral do Estado*. 26 ed. São Paulo: Saraiva, 2007.

DERSHOWITZ, Alan. *Letters to a Young Lawyer*. New York: Basic Books, 2005

DESCARTES, René. *Discurso do Método*. São Paulo: Editora Martin Claret, 2000.

DIAS, João Paulo; PEDROSO, João. As profissões jurídicas entre a crise e a renovação: o impacto do processo de desjudicialização em Portugal. *Revista do Ministério Público de Lisboa*. Lisboa, v. 23, n. 91, jul./set., 2002.

DIAS, Jorge de Figueiredo; ANDRADE, Manuel da Costa. *Criminologia: o homem delinqüente e a sociedade criminógena*. 2 ed. Editora Coimbra: Coimbra, 1997.

DIAS, Jorge de Figueiredo. *Acordos sobre a sentença em processo penal: o fim do Estado de Direito ou um novo "princípio"?* Porto: Conselho Distrital do Porto da Ordem dos Advogados, 2011.

. *Direito Processual Penal*. v. 1. Coimbra: Coimbra editora, 1974.

_____. *Direito Penal Português: as consequências jurídicas do crime*. Lisboa: Aequitas; Editorial notícia, 1993.

. *Direito Penal Português: as consequências jurídicas do crime*. Coimbra: Coimbra, 2011.

. Para uma reforma global do processo penal português. Da sua necessidade e de algumas orientações fundamentais. *In: Para uma nova justiça penal*. Coimbra: Almedina, 1983.

DOTTI, René Ariel. *A inconstitucionalidade da Lei n. 12.234/10*. Disponível em: http://www.

migalhas.com.br/dePeso/16,MI110904,61044-A+inconstitucionalidade+da+lei+12234 10+Final, acesso em 04.06.2014.

ELBERT, Carlos Alberto. Alternativas à pena ou ao sistema penal?. In: *Discursos Sediciosos: crime, direito e sociedade*. Rio de Janeiro, v. 3, 5/6, 1998.

ESTEFANÍA, Joaquim. *La nueva economia. La globalización*. 4 ed., Madrid: Temas de Debate, 2000.

FARIA, José Eduardo. Globalização é um problema, não um destino. In: *Getúlio*. São Paulo: Fundação Getúlio Vargas, 2007.

_____. *O Direito na economia globalizada*. 3. tir. São Paulo: Malheiros, 2002.

FENECH, Georges. *Tolerância zero: acabar com a criminalidade e a violência urbana*. Portugal: Editorial inquérito, 2001.

FERNANDES, Paulo Silva Fernandes. *Globalização, "sociedade de risco" e o futuro do direito penal*. Coimbra: Almedina, 2001.

FERNANDES, Antonio Scarance. *Processo Penal Constitucional*. 7 ed. São Paulo: Revista dos Tribunais, 2012.

FERREIRA FILHO, Manoel Gonçalves. *Do Processo Legislativo*. São Paulo: Saraiva, 1968.

FERREIRA, Francisco Amado. *Justiça Restaurativa: natureza, finalidades e instrumentos*. Coimbra: Coimbra editora, 2006.

FOUCAULT, Michel. *A verdade e as formas jurídicas*. Rio de Janeiro: Nau editora, 1996.

_____. *Vigiar e Punir*. 22. ed. Petrópolis: Vozes, 2000.

FRANCO, Alberto Silva et al. *O Código Penal e sua interpretação jurisprudencial*. 6. ed. São Paulo: Editora Revista dos Tribunais, 1997.

FRANCO, Alberto Silva. *Crimes hediondos*. 7 ed. São Paulo: Editora Revista dos Tribunais, 2011.

FRIEDMAN, Milton. *Capitalismo e liberdade*. Trad. Luciana Carli. São Paulo: Nova cultura, 1985.

GARCÍA, Nicolás Rodriguez. *La Justicia Penal Negociada: experiencias de derecho comparado*. Salamanca: Universidad de Salamanca, 1997.

_____. *El consenso en el proceso penal español*. Barcelona: José Maria Bosch Editor, 1997.

GIACOMOLLI, Nereu José Giacomolli. *Legalidade, oportunidade e consenso no processo penal: na perspectiva das garantias constitucionais*. Porto Alegre: Livraria do Advogado, 2006.

GOMES, Luiz Flávio; BIANCHINI, Alice. Globalização e Direito Penal. In: *Escritos em homenagem a Alberto Silva Franco*. São Paulo: Revista dos Tribunais, 2003.

GORDILLO, Agustín. *Princípios Gerais de Direito Público*. Trad. de Marco Aurélio Greco. São Paulo: Revista dos Tribunais, 1977.

GRINOVER, Ada Pellegrini; GOMES FILHO, Antonio Magalhães; FERNANDES, Antonio Scarance. *Juizados Especiais Criminais. Comentários à Lei 9.099, de 26.09.1995*. 5 ed. São Paulo: Revista dos Tribunais, 2005

_____. *As nulidades no processo penal*. 10 ed. São Paulo: Revistas dos dos Tribunais, 2007.

HALL, John A. (Org.). *Os Estados na História*. Rio de Janeiro: Imago, 1992.

HASSEMER, Winfried. *Crítica al derecho penal de hoy*. Trad. Patricia S. Ziffer. 2. Ed. Buenos Aires: Ad-Hoc, 2003.

_____. *La persecución penal: legalidad y oportunidad*. In: *Revista de Derecho Penal*.

REFERÊNCIAS BIBLIOGRÁFICAS

Ano 2001, n. 2.

_____. *Direito Penal Libertário*. Belo Horizonte: Del Rey, 2007.

HOBBES, Thomas. *Leviatã ou a Matéria, Forma e Poder de um Estado Eclesiástico Civil*. São Paulo: Ícone, 2000.

HOBSBAWM, E. A. *Aera dos extremos. O breve século XX: 1914-1991*. São Paulo: Companhia das Letras, 1995.

HUNGRIA, Nelson. *Comentários ao Código Penal*, vol. 01, tomo 01, 3. Ed. Rio de Janeiro: Forense, 1955.

JAKOBS, Gunther; POLAINO NAVARRETE, Miguel; POLAINO-ORTS. Miguel. *Bien jurídico, vigencia de la norma y daño social*. Lima: ARA Editores, 2011.

JAPIASSU, Hilton. *A crise da razão e do saber objetivo: as ondas do irracional*. São Paulo: Letras & Letras, 1996.

JUNQUEIRA, Gustavo Octaviano Diniz; FULLER, Paulo Henrique Aranda (Orgs.). *Legislação penal* Especial. v. 1. 6 ed. São Paulo: Saraiva, 2010

KAFKA, Fraz. *O processo*. 2 ed. Lisboa: Guimarães editores, 2006.

KAIN, E. D. *Ten Years After Decriminalization, Drug Abuse Down by Half in Portugal*. Disponível em: <http://www.forbes.com/sites/erikkain/2011/07/05/ten-years-after-decriminalization-drug-abuse-down-by-half-in-portugal/> Acesso em: 20 de fevereiro de 2012.

KELSEN, Hans.Teoria *General del Estado*. Barcelona: Editorial Labor, 1986.

LEITE, André Lamas. *A mediação penal de adultos: um novo "paradigma" de justiça? Análise crítica da Lei nº 21/2007, de 12 de Junho*. Coimbra: Coimbra, 2008.

LEONE, Giovanni. *Tratado de derecho procesal penal*. t. I. Buenos Aires: Ediciones Juridicas Europa-America, 1963.

LISTZ, Franz Von. *Tratado de derecho penal*. t.1. 4 ed. Madrid: Editorial Reus, 1999.

LOPES JUNIOR, Aury. *Direito Processual penal e sua conformidade constitucional*. v. I. 2 ed. Rio de Janeiro: Lumen Juris, 2008.

LUISI, Luiz. *Os princípios constitucionais penais*. 2. ed. Porto Alegre: Sergio Antonio Fabris, 2002.

MAIER, Julio B. J. (Org.). *De los delitos y de las víctimas*. Buenos Aires: Ad Hoc, 2001.

MALAGUTI, Manoel L.; CARCANHOLO, Reinaldo A.; CARCANHOLO. Marcelo D. (Orgs.). *Neoliberalismo: a tragédia do nosso tempo*. 4 ed. São Paulo: Cortez, 2008.

MALISKA, Marcos Augusto. Max Weber e o Estado Racional Moderno. In: *Revista Eletrônica do CEJUR*, v. 1, n. 1, ago./dez. 2006.

MALUF, Sahid. *Teoria Geral do Estado*. 23 ed. São Paulo: Saraiva, 1995.

MARIN, Jeferson Dytz. Crise do Estado e jurisdição. In: *Direitos Fundamentais e Justiça*. Porto Alegre, v. 5, n. 15, abr./jun., 2011.

MASI, Carlo Velho. *O crime de evasão de divisas na era da globalização: novas perspectivas dogmáticas, político-criminais e criminológicas*. Porto Alegre: Pradense, 2013.

MELLO, Celso Duvivier de Albuquerque. A soberania através da história. In: *Anuário Direito e Globalização: a soberania*. v. 1. Rio de Janeiro: Renovar, 1999.

MENDES, Armindo Ribeiro. *Recursos em Processo Civil*. Lisboa: Lex, 1992.

MERÊA, Paulo. *Estudos de história de Portugal*. Lisboa: Imprensa Nacional, 2006.

MESQUITA, Paulo Dá. Os processos especiais no Código de Processo Penal português – respostas processuais à pequena e média criminalidade. In: *Revista do Ministério Público*.

n. 68, ano 17, out./desz. 1996.

MESQUITA, José Ignacio Botelho de. A crise do judiciário e o processo. In: *Revista da Escola Paulista da Magistratura*. São Paulo, v. 2, n. 1, jan./jun. 2001.Tribunais, 2007.

MESSUTI, Ana. Desconstruyendo la imagen de la justicia. In: *Escritos em homenagem a Alberto Silva Franco*. São Paulo: Revista dos Tribunais, 2003.

MOLINA, Antonio Garcia-Pablos de. *Crimonología: una introducción a sus fundamentos teóricos*. 6 ed. Valencia: Tirant lo blanch, 2007.

MOLINA, Antonio García-Pablos de; GOMES, Luiz Flávio. *Criminologia*. 8 ed. São Paulo: Revista dos Tribunais, 2012.

MORAES, Reginaldo. *Neoliberalismo: de onde vem, para onde vai?*. São Paulo: editora Senac, 2001.

MUAKAD, Irene Batista. *Prisão Albergue*. São Paulo: Atlas, 1998.

NETO, Pedro Scuro. Modelo de Justiça para o século XXI. In: *Revista da Emarf*, v. 6, Rio de janeiro, p. 215 e ss.. Disponível em: < http://www.academia.edu/2365535/Modelo_de_justica_para_o_seculo_XXI r>, acesso em 25 de agosto de 2014.

NEUMAN, Elías. *Mediación penal*. 2 ed. Buenos Aires: Editorial Universidad, 2005.

NEUMANN, Fraz. *Estado democrático e Estado autoritário*. Rio de Janeiro: Zahar editores, 1969.

NEVES, Antonio Castanheira. *O Instituto dos "Assentos" e a Função Jurídica dos Supremos Tribunais*. Coimbra: Coimbra ed., 1983.

NUCCI, Guilherme de Souza. *Leis penais e processuais penais* comentadas. São Paulo: Revista dos Tribunais, 2009.

NÚÑEZ, René Yebra. Victimización secundaria y efectos que produce en las víctimas de delitos. In: *Revista do Conselho Nacional de Política Criminal e Penitenciária*. v. 1, n. 14, Jul./Dez. 2000.

OFFE, Claus. *Problemas estruturais do Estado capitalista*. Trad. Bárbara Freitag. Rio de Janeiro: Tempo Brasileiro, 1984.

OHLWEILER, Leonel. Os princípios constitucionais da administração pública a partir da filosofia hermenêutica: condições de possibilidade para ultrapassar o pensar objetificante. In: *Revista de Direito Administrativo e Constitucional*, Belo Horizonte, v. 4, n. 18, out. 2004.

OLIVEIRA, Fábio. Estado Social, globalização, neoliberalismo e constituição dirigente. In: *Novos Estudos Jurídicos*, v. 12, nº 2, jul-dez, 2007.

ORLANDIS, José. La paz de la casa en el derecho español de la alta Edad Media. In: *Anuario de historia del derecho español*. t. XV, Madrid, 1944.

_____. Las consecuencias del delito en el derecho de la alta edad media. In: *Anuario de historia del derecho español*. t. XVIII, Madrid, 1947

PASSETTI, Edson (Org.). *Curso livre de abolicionismo penal*. Rio de Janeiro: Renavan, 2004.

PAVANI, Sérgio Augusto Zampol. *Estado e Processo Civilizatório*. São Paulo: MP editora, 2009.

PEDRERO-SÁNCHEZ, Maria Guadalupe. *História da Idade Média: textos e testemunhas*. São Paulo: Editora UNESP, 2000.

PELAYO, Manuel García. *Derecho Constitucional Comparado*. 3.reimp. Madrid: Alianza, 1993.

PENTEADO, Jaques Camargo. *Justiça Penal 4*: críticas e sugestões: provas ilícitas e reforma

REFERÊNCIAS BIBLIOGRÁFICAS

pontual. São Paulo: Revista dos Tribunais, 1997.
PEREIRA, Luiz Carlos Bresser (et al.; Org.) *Sociedade e Estado em transformação*. São Paulo: Editora UNESP, 1999.
PEREIRA, Rui. A crise do processo penal. *Revista do Ministério Público de Lisboa*, Lisboa, v. 25, n. 97, jan./mar. 2004.
POGGI, Gianfranco. *A evolução do Estado Moderno: uma introdução sociológica*. Rio de Janeiro: Zahar editores, 1981.
PORTUGAL. *Código de Processo Penal: comentários e notas práticas*. Coimbra: Coimbra, 2009.
PRADO, Luiz Regis. Bem jurídico-penal e constituição. 2. ed. rev. e ampl. São Paulo: Editora Revista dos Tribunais, 1997.
_____. *Sistema Acusatório: a conformidade constitucional das Leis Processuais Penais*. 4 ed. Rio de Janeiro: Lumen Juris, 2006.
QUEIROZ, Paulo de Souza. *Do caráter subsidiário do direito penal*. Belo Horizonte: Del Rey, 1998.
_____. *Funções do direito penal: legitimação versus deslegitimação do sistema penal*. 2. ed. rev., atual e ampl. São Paulo: Editora Revista dos Tribunais, 2005.
RAMONET, Ignácio. *Situación actual del proceso de globalización, El proceso de globalización mundial*. Barcelona: Intermon, 2000.
RODRIGUES, Anabela Miranda. Os processos sumário e sumaríssimo ou a celeridade e o consenso no Código de Processo Penal. In: *Revista Portuguesa de Ciência Criminal*, ano 6, nº 4, out.-dez/1996.
_____. *Novo olhar sobre a questão penitenciária: Estatuto jurídico do recluso e socialização, jurisdicionalização, consensualismo e prisão*. Coimbra: Coimbra, 2000.
_____. A propósito da introdução do regime de mediação no processo penal. In: *Revista do Ministério Público*. n. 105, a. 27, Jan./Mar. 2006.
ROSANVALLON, Pierre. *A crise do Estado-providência*. Tradução Joel Pimentel Ulhôa. Revisão Estela dos Santos Abreu. Goiânia: Universidade de Brasília e Universidade Federal de Goiás, 1997.
ROSENFIELD, Denis L. Descartes: vida e obra. In: DESCARTES, René. *Discurso do método*. Porto Alegre: L&PM, 2005.
ROXIM, Claus. *Problemas fundamentais de direito penal*. Lisboa: Vega, 1986.
SANTOS, Cláudia Maria Cruz. *O crime do colarinho branco (Da origem do conceito e sua relevância criminológica à questão da desigualdade na administração da justiça penal)*. Dissertação (mestrado). Coimbra, 1999.
_____. A mediação penal, a justiça restaurativa e o sistema criminal – algumas reflexões suscitadas pelo anteprojeto que introduz a mediação penal "de adultos" em Portugal. In: *Revista Portuguesa de Ciência Criminal*, ano 16, nº 1, jan.-mar./2006.
SANTOS, Juarez Cirino dos. *Direito Penal: parte geral*. 2 ed. Curitiba: ICPC; Lumen Juris, 2007.
SANTOS, Manuel Simas, LEAL-HENRIQUES, Manuel, SANTOS, João Simas. *Noções de processo penal*. Lisboa: Rei dos livros, 2010.
SCHÜNEMANN, Bernd. *Temas actuales y permanentes del derecho penal después de milenio*. Madrid: Tecnos, 2002.
SCHÜNEMANN, Bernd; SILVA SÁNCHEZ, Jesús Maria (Apres.). *El sistema moderno del*

derecho penal: cuestiones fundamentales; estudios en honor de Claus Roxin en su 50º aniversario. 2 ed. Buenos Aires: B. de F., 2012.

SHECAIRA, Sérgio Salomão. *Criminologia*. 3 ed. São Paulo: Editora Revista dos Tribunais, 2011.

SICA, Leonardo. *Direito penal de Emergência e alternativas à prisão*. São Paulo: Revista dos Tribunais, 2002.

SILVA, Germano Marques da. *Curso de processo penal*. v. I. 6. ed. rev. e act. Lisboa: Verbo, 2010.

_____. Em busca de um espaço de consenso em Processo Penal. In: *Estudos em Homenagem a Francisco José Velozo*. Braga: Universidade do Minho, 2002.

SILVA SÁNCHEZ, Jesús-María. *A expansão do direito penal: aspectos da política criminal nas sociedades pós industriais*. Tradução Luiz Otavio de Oliveira Rocha. São Paulo: Revista dos Tribunais, 2002.

SILVEIRA NETO. *Teoria do Estado*. 6. ed. São Paulo: Max Limonad, 1978.

SMITH, Neil. Global social cleaning: Postliberal revanchism and the export of zero tolerance. *Social Justice*, vol. 28, n.3, 2001. Disponível em: <http://findarticles.com/p/articles/mi_hb3427/is_3_28/ai_n28888957/?tag=content;col1> Acesso em: 15 de fevereiro de 2012.

STRECK, Lenio Luiz. *Hermenêutica jurídica e(m) crise: uma exploração hermenêutica da construção do Direito*. 2.ed. rev. ampl. Porto Alegre: Livraria do Advogado, 2000.

SUNDFELD, Carlos Ari. *Fundamentos de Direito Público*. 4 ed. São Paulo: Malheiros, 2004.

TEIXEIRA, Carlos Adérito. *Princípio da oportunidade, manifestações em sede processual penal e sua conformação jurídico-constitucional*. Coimbra: Almedina, 2000.

TORRÃO, Fernando José dos Santos Pinto. *A relevância político-criminal da suspensão provisória do processo*. Coimbra: Almedina, 2000.

TOURINHO FILHO, Fernando da Costa. *Processo Penal*. 29 ed. V. 1. São Paulo: Saraiva, 2007.

VALENTE, Manuel Monteiro Guedes. *Processo penal*. t. I. 2. ed. Coimbra: Almedina, 2009.

WACQUANT, Loïc. *As prisões da Miséria*. 1999. Disponível em: <http://mijsgd.ds.iscte.pt/textos/Prisoes_da_Miseria_WACQUANT_Loic.pdf> Acesso em: 15 de fevereiro de 2012.

WEBER, Max. *Economia e sociedade: fundamentos da sociologia compreensiva*. vol II. Brasília: Editora Universidade de Brasília, 2004.

WILLIAMS, J. E. Hall. A crise de confiança no sistema penal e em particular nas prisões. In: *Revista de Direito Penal*. Rio de Janeiro, 21/22, jan./jun., 1976.

YOUNG, Jock. *A sociedade excludente: exclusão social, criminalidade e diferença na modernidade recente*. Trad. Renato Aguiar. Rio de Janeiro: Renavan, 2002.

ZAFFARONI, Eugenio Raul (et. Al.). *Derecho penal: parte general*. Buenos Aires: Ediar, 2000.

ZAFFARONI, Eugenio Raúl; PIERANGELI, José Henrique. *Manual de Direito Penal Brasileiro*. Parte Geral. 9 ed. São Paulo: Revista dos Tribunais, 2011.

ÍNDICE

AGRADECIMENTOS 5
PREFÁCIO 9
INTRODUÇÃO 11

1. A ESTRUTURA DO SISTEMA PENAL 11
    1.1. Formação histórica 16
    1.2. A legitimação jurídico-racional 22

2. A CRISE DO SISTEMA PENAL 27
    2.1. Os efeitos da globalização no sistema jurídico 27
        2.1.1. Os reflexos do neoliberalismo no sistema penal 32

3. A TENTATIVA DE RESOLUÇÃO DO PROBLEMA DO SISTEMA PENAL. 39
    3.1. Alteração do modelo de política criminal:
    da criminologia crítica para o realismo de direita 40
    3.2. O Equívoco na solução do problema 55
        3.2.1. A crise da política criminal neoliberal 55
        3.2.2. As falhas teóricas do *Law and Order* e suas consequências:
        a substituição da efetividade pela eficiência do sistema penal 61

4. CONSENSO NO PROCESSO PENAL 71
    4.1. O equívoco nas críticas ao consenso: inexistência de vinculação
    entre consenso e os princípio da oportunidade e celeridade 77

5. BASES PARA A CONSTRUÇÃO DE MODELOS PROCESSUAIS
DE CONSENSO 89
    5.1. A necessidade de redefinição hierárquica dos bens jurídicos tutelados
    para separação dos espaços de consenso 90

5.1.1. Pequena criminalidade 92
5.1.2. Média criminalidade..99
5.1.3. Grave criminalidade 107
5.2. A preocupação com a estigmatização do desviante:
a redefinição das relações dos sujeitos processuais................................111
5.3. Restabelecimento das garantias processuais dos cidadãos....................117
5.4. Definição das bases para a construção de espações de consenso..........122

6. MODELOS DE PROCESSO PENAL DE CONSENSO.......................................125
6.1. Mediação penal: alternativa para os crimes sem violência
ou grave ameaça.. 126
6.2. Consenso sobre a sentença em processo penal..................................136
6.2.1. Acordos sobre a sentença em processo penal:
o modelo proposto por Figueiredo Dias..137
6.2.1.1. Descrição da sistemática dos atos para realização dos acordos
sobre a sentença em processo penal..139
6.2.2. Análise das questões controversas relativas à harmonização
do modelo de acordos sobre a sentença com os princípios
processuais..142
6.2.2.1. A promoção processual 142
6.2.2.2. Os princípios da investigação e da verdade...........................146
6.2.2.3. A medida da pena 153
6.2.3. Considerações finais acerca do acordo sobre a sentença................161

CONCLUSÃO..165

REFERÊNCIAS BIBLIOGRÁFICAS..173